自分の名前に「ありがとう」を唱えるとどんどん幸運になる！

ヒーリングセラピスト
愛場千晶

ペルーの賢者がこっそり教えてくれた「宇宙の法則」

コスモ21

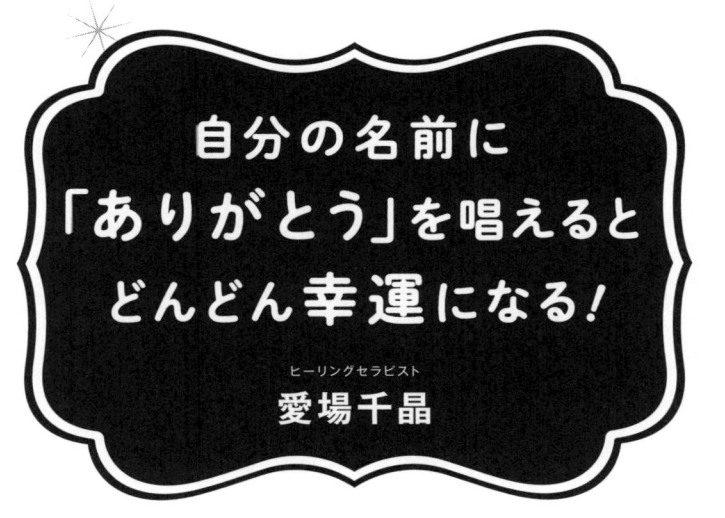

カバーデザイン◆中村　聡

はじめに

先に出版しました『自分の名前に「ありがとう」を唱えると奇跡が起こる!』には、107人の方たちの体験を収録しました。みなさん、実名で登場してくださいました。

本はたいへん好評で、たくさんのお手紙もいただいています。どれも感動的なお話ばかりで、全部をご紹介できないのは残念ですが、いくつか紹介します。

「75年生きてきて、自分の名前に『ありがとう』なんて言ったこと一度もありませんでした。でも、思い切って声に出して言ってみますと、涙が出てきて止まらなくなりました。もっと自分を大事にしようと思えるようになり、我慢することを止めて、今は生きいきと楽しく暮らしています」

「子どもが難しい病気でしたが、『○○ちゃん、生まれてきてくれてありがとう』と言い続けていたら、奇跡が起こりました」

「ギャンブル好きの息子でしたけど、『○○（息子の名前）、ありがとう。この子は大丈夫』と唱え続けていたら、借金癖やギャンブル癖が直り、私にお金までくれるようになりました」

「刑務所にいます。この本で希望を持てました。出所したら幸せになりたいです」

「病院でこの本を読んでいると、不安が和らぎ、お陰さまで治療の経過がとても良好です」

本を読んでくださった方たちが他の方にプレゼントすると、それがご縁で仲良くなることも多いみたいです。

「片思いの人にあげたら、付き合うことができました」という素敵なエピソードもあります。

「お母さん、ありがとう」と唱えていたら、本をプレゼントしたくなり、それまで音信不通だった親に郵送をしました。すると、あまりに久しぶりに連絡が来て、長年のわだかまりが解けたという方もいます。

就活が上手くいかなくて、イライラしている一人暮らしの息子さんにこの本を送ったら、「お母さんありがとう。会社決まったよ」と連絡をもらったという方もいます。

息子さんが本に書かれているように「〇〇さん（自分の名前）、ありがとう」を唱えていると不安が消えて、就職も決まったと連絡してきたというのです。

最近ツキまくっている女性がいて、その理由を聞いたら本をプレゼントされたそうです。その方が自分でも本に書かれているように「〇〇さん（自分の名前）、ありがとう」を唱えていたら、ツキが巡ってきたという手紙を私に送ってくださいました。

このように、『自分の名前に「ありがとう」を唱えると奇跡が起こる！』に出会って素敵なことが起こったという知らせが全国から届いています。

この本を出版してすでに4年以上過ぎていますが、そもそも私がなぜ「ありがとう」という言葉の魔法のチカラに目覚めたのか、いつかそのことを本でお伝えしたいと思っていました。それが今回の本です。

20年前、私は南米のペルーの山道で迷い、不思議な老人に出会いました。老人はまさしくペルーの賢者で、私はその方に促されるように神秘的な瞑想体験をしました。そして、老人から誰でも幸せな人生を生きることができる「宇宙の法則」を伝えられたのです。

それは驚くほどシンプルな法則でしたが、１００歳近くになっていた老人は、日本からペルーの山に迷い込んできたような私にその法則を委ねるとおっしゃったのです。本にしてほしいとも言われました。

それ以来20年経ちますが、今回の本は、老人との出会い、老人が語ったこと、そこで私が体験したことを述べています。きっと、「ありがとう」の言葉の素晴らしいチカラを実感していただけると思います。

さあ、次のページを開いてください。あなたの人生が変わる扉がそこにあります。

自分の名前に「ありがとう」を唱えるとどんどん幸運になる!……もくじ

2章 自分の名前に「ありがとう」は幸運を呼び込む最強の言葉

3章 心の周波数が人生を左右する

4章 病気にならないコツはとてもシンプル

5章 ダイヤモンドの数百倍輝く自分に出会える

6章

お金は感謝してくれるところに集まる

1章

自分で口にした言葉、思った言葉が人生をつくる

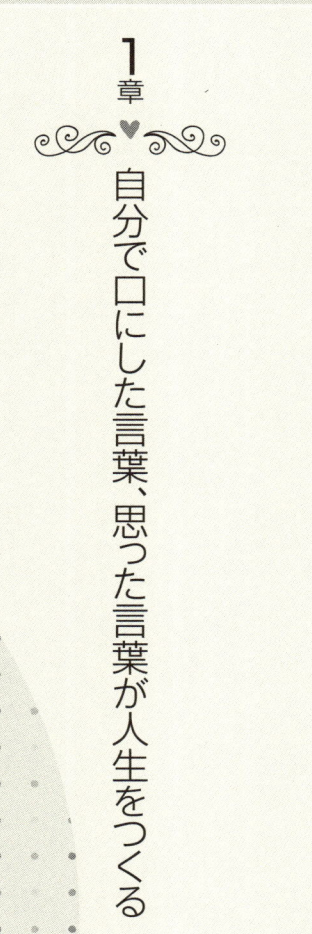

☆人生はシンプルに考えたほうがうまくいく

「真実はもっと難しいに違いない、難しいほうが効果があるに違いない、そんな簡単に結果を得られるはずはない、人生は苦労しないと本物に出会えない。そんなふうに勝手に思い込んでいるからね。

でも本当は、シンプルに考えたほうがうまくいくんだよ」

20年前、私がヒーリングをはじめたばかりのころのことです。ペルーの世界遺産マチュ・ピチュのある山を一人で歩いているうちに迷ってしまいました。マチュ・ピチュは尖った絶壁の山々がそびえるウルバン渓谷の山間にあり、標高2430メートルのところにあります。

当時はスペイン語で書かれた矢印の標識しかなかったので、書いてある言葉の意味がわかりませんでした。とりあえず矢印の通りに進んではみたものの、どうしても目的地にはたどり着けそうにありません。完全に道に迷ってしまいました。

結局、山道をどこまでも、どこまでもとぼとぼと歩くばかりで、途方に暮れてくたくたになり、「駄目だ～、もう歩けない」と道にペタンと座り込んでしまいました。そのときです、どこからか老人が現われ、ニコニコしながらこちらに向かってきたのです。もちろんはじめて見かける人なのですが、不思議なことにとても懐かしい感じがしました。

やった、助かったと思いながら「道に迷ったの」と言おうとしたとき、その老人が「よく来たね。今日は、お告げがあって、私の願いが叶う日なんだよ」と、いきなり話しはじめたのです。

「私はもうすぐ100歳になるんだよ。それで天国に行く前に、人生を元気に生きることができる『宇宙の法則』を誰かに伝えないといけないと思って祈っていたんだ。そうしたら君が現われたんだよ。私は年を取りすぎた。文章にする時間もない。君に託すよ」

突然、得体の知れない老人からそんな話をされたら、誰だって戸惑ってしまいます。ところが、道に迷って困っている私のことなどまったく意に介さず、老人はさらに話を続けます。

「この宇宙の法則はとっても効果があるけれど、あまりにシンプルだから、誰も使おうとしないんだよ。真実はもっと難しいに違いない、難しいほうが効果があるに違いない、そんな簡単に結果を得られるはずはない、人生は苦労しないと本物に出会えない。そんなふうに勝手に思い込んでいるからね。

でも本当は、シンプルに考えたほうがうまくいくんだよ」

☆方法を選ぶよりも師を選べ

「どんな方法を選ぶかではなく、誰に教わるかが大事なんだ。同じことを教わるのでも誰に習ったかで結果は違ってくる」

私がどうしてそこにいるのか聞こうともしないので、「道に迷っただけなので、ホテルに戻りたいんだけど」と言いかけますと、私の気持ちを見透かしたようにさらにこう話を続けました。

「この世に偶然なんてないんだよ。君はたまたま私に出会ったと思っているだろう。違うんだよ、世界は周波数で出来ている。

私が『宇宙の法則を誰かに伝えたい』と思い、今朝、瞑想をしていたら、東洋人と出会うというメッセージが来たんだ。どんな人だろうとワクワクしていたんだ。そうしたら、その周波数に同調して君がやってきたのさ。

君は東洋人だろう。日本人かな？　それに、君は瞑想をやっているだろう。それも相当いい師についているね。だから、私の周波数をキャッチする力も強いんだよ」

いい師について学んでいることは当たっていました。当時、瞑想を日本に初めて伝えた山田孝男先生の指導を受けていました。そのことを話すと、老人はこう言いました。

「師を選ぶことは大事だよ。いい師に恵まれることは、とっても幸運なことだよ。なかなか本物の師と出会えないからね。いい師に出会ったのは、君は運が強いからだよ。

方法を選ぶよりも師を選べと言うように、どんな方法を選ぶかではなく、誰に教わるかが大事なんだ。同じことを教わるのでも誰に習ったかで結果は違ってくる。君はとっても恵まれているよ、相当いい師に出会ったんだからね。

今は、自分が瞑想でいい体験をしても教えようとはせず、自分だけで追い求める人が多いから、師になろうとする人は少ない。だから、その師からしっかり学びなさい。そして、いずれは君が教えていきなさい。

せっかく習ったことを広めないのは、多くの人が幸せになれるチャンスをつぶしてしまうことになるんだよ」

ここまで老人の話を聞いていて気づいたことがあります。ペルーはスペイン語の国で、私はスペイン語がまったくわかりません。それなのに、老人の話を聞きとることができていました。老人は、とても綺麗な英語でゆっくりと話してくれていたのです。それが魔法の言葉のように私の頭と心に流れ込んできました。

「私の寿命が尽きる前に、この法則を伝えないと死んでも死にきれんからな。誰かに伝えて、それを広めてもらえたらうれしいよ。これを私一人占めにするのはもったいないんでね。

君ならみんなに広めてくれるだろう。
とってもシンプルだから、君にもきっと
役に立つはずだよ」

☆言葉が人生をつくる

「言葉にはパワーが宿っている。だから変な言葉を言ってはダメだよ。自分で自分の運気を落としたり、病気を招いたりしてしまうからね」

老人の顔はとても優しそうなのに、言葉には有無を言わせない迫力がありました。これは真剣に聞かないといけないと思い、慌ててバッグの底からペンとノートを取り出し、メモをとりはじめました。

「まず言葉の法則から伝えよう。

言葉の正体はエネルギーで、人生を変える力をもっている。たとえどんなに悲惨なこと、辛いことが起こっても、言葉を変えれば運気を変えることができるんだよ。

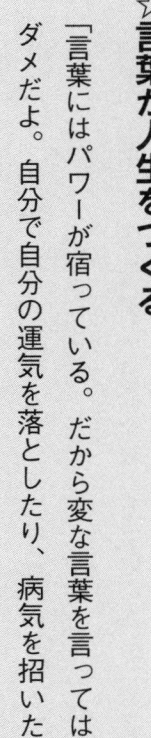

言葉といえば、口から発する言葉を思い浮かべるだろう。でも、心の中で発する言葉もある。それが思いだよ。この二つの言葉は同じエネルギーをもっている。問題はマイナスの言葉を発することだよ。一気に運気が悪くなる。口から発する言葉だけじゃないよ。心で発する言葉、つまり思いもまったく同じなんだよ。だから、どちらも同じくらい人生を左右する。このことを心にしっかり刻みなさい。君は日本人だね。日本は『言葉の国』っていうけど本当かい？　日本の文字には意味があるんだろう。君の名前にはどういう意味があるかな？」

そう言われて、私は漢字のことを言っているんだと思い、「漢字のことですね。私の名前はアイバチアキ（愛場千晶）です。ファミリーネームはラブフィールド（愛場）で、ファーストネームはサウザンドクリスタル（千晶）です」と説明しました。

すると老人は、「いい名前だ。名前は君の使命を表わしているからね。愛と感謝を伝える仕事をすると思うよ」と断言したのです。

私は、老人が言った「言葉の国」についてしばらく考えていました。日本には「言霊」という言葉があります。古代から言葉には不思議な力が宿っていると信じられ、発した言葉どおりのことが起こると信じられていました。

私の師から、こんな話を聞いたことがあります。

「言葉にはパワーが宿っている。だから変な言葉を言ってはダメだよ。自分で自分の運気を落としたり、病気を招いたりしてしまうからね。

発する言葉に責任を持ちなさい。たとえば、切れると言うと、血管が切れちゃうんだよ。くそババアなんて言っていると、『クソ』って言葉どおりに年を取ってから自分がおむつをするような病気になるんだよ。面倒くさいと言っていると、何もしなくていいように寝たきりになる。

そうなりたくなかったら、そういうマイナスの言葉を発しないこと。もちろん、心の中で思う言葉も同じだよ」

そんなことを考えていると、私の心の中が見えているように、「そうじゃ、その言葉の力のことだよ」と言って、老人はこんな話をはじめました。

☆口から出る言葉、心の中で思った言葉はすべて自分に戻ってくる

「口から出た言葉や心の中で思った言葉はすべて、他人に向けたものであっても、いずれ自分に戻ってくる」

「言葉には力があるんだよ。それを知っているのが日本人だ。君が日本人なら話が早い。きっと私の話を理解してくれるだろうから。

伝えたいことはとてもシンプルだよ。言葉が人生をつくる。だから、運気を変える簡単な方法は、まず言葉を変えることだよ。幸せで過ごしたい、健康で過ごしたいと思うなら、文句や愚痴は言わないこと。

文句は天に向かってつばを吐くようなものだよ。いずれ自分に戻ってくる。すぐ戻ってくる場合もあれば、時間をかけて戻ってくる場合もある。

やまびこって知っているだろう。遠くの山に向かって『ヤッホー』と言うと『ヤ

ッホー』と戻ってくる。それと同じで、誰かに『バカヤロウ』と言うと、それが自分に戻ってくる。

『あの人なんて、怪我しちゃえばいい』そう思ったり、口にしたりしていると、自分が怪我をしてしまう。『あの人なんて、上司に怒られればいい』そう思ったり、口にしたりしていると、自分が怒られる。『あの人なんて、嫌われればいい』そう思ったり、口にしたりしていると、自分が嫌われる。

口から出すだけでなく、心の中で思った言葉も、すべて自分に戻ってくるんだよ。大事なことだから、もう一度言うよ。口から出た言葉や心の中で思った言葉はすべて、他人に向けたものであっても、いずれ自分に戻ってくる。どう？　心に刻めたかな」

老人は、「人生は言葉がつくる」ということと、口から出る言葉だけでなく心の中で思った言葉もすべて、自分に戻ってくると言います。「言葉が人生をつくる」という話は、私の師からも聞いたことがありましたが、自分の言葉はすべて自分に戻ってくるという老人の話は、とても新鮮でした。
さらに、もう一つ大事なことがあると言って老人は話を続けました。

悪い言葉は自分に悪いことが返ってくる

いい言葉は自分にいいことが返ってくる

☆自分の言葉を変えれば人生は変わる

「もし運気を上げたいなら、人生がうまくいくように願うなら、プラスの言葉をいっぱい使うこと、プラスのことをいっぱい思うことだよ」

「自分が普段から、どんな言葉を発しているか、あるいはどんなことを思って生活しているかで人生はまったく違ってくるんだよ。

たとえば『自分はダメだ』とマイナスの言葉を口にしたり、思ったりしていると、その言葉が自分に戻ってきてしまう。実際には、誰かに『君はダメだね』と言われるかもしれない。

そうではなくて、プラスの言葉、たとえば『友だちの○○さんが幸せになりますように』とプラスの言葉を口にしていると、あるいはそう思っていると、その言葉が自分に戻ってくる。『あなたを見込んでお手伝いしましょう』という人が現われて協力してくれるかもしれない。

だから、どんなに人生がうまくいかないと思っても、自分の言葉を変えれば人生が変わるんだよ。これが、君に伝えたい宇宙の法則なんだ。

じゃ、なぜそんなことが起こると思う？　それは、人は皆、深い世界でつながっているからだよ。自分が口にした言葉や思ったことに反応する人が必ずいて、そういう人を通して、自分の言葉が自分に戻ってくるようになるんだよ。

もし運気を上げたいなら、人生がうまくいくように願うなら、プラスの言葉をいっぱい使うこと、プラスのことをいっぱい思うことだよ。

ところで、君の知り合いには運気の悪い人はいるかな？」

老人にそう言われて、ふっとある人の顔が浮かびました。その人はいつも文句ばかり言っています。この前も、事故に巻き込まれて怪我をしたって言っていました。

そうか、文句を言っていると、その言葉が自分に戻ってくるので、いろんなことが起こってくるのか。自分から不幸を引き寄せているのか。そう思っていると、老人は、人はプラスの言葉よりマイナスの言葉を口にしやすいし、思ってしまいやすいから、うまくいかないときほど気をつけないといけないと言います。

「本当はうまくいかないときほどプラスの言葉を口にしたり、思ったりしたほうがいいんだよ。なのに、マイナスの言葉を口にしたり、思ったりする人が多い。たとえば、上手くいかないからといって愚痴や文句を言ってしまうと、もっと大きな不幸を引き寄せてしまう。それでさらにマイナスの言葉を口にしたり、思ったりして負のスパイラルにはまってしまうんだよ。

それでも自分で運気を下げていることに気づかないんだよ。自分から病気を引き寄せていることがわからないんだよ。

もし今、そんな人生を生きているとしたら、口にする言葉を変える、思いを変えることが必要だよ。そうしないかぎり、不幸は続いてしまうよ。

こんな言葉が口癖になっていないかな。そう思ってしまうことが多くないかな。

『どうせ自分なんか』
『自分ばかり損をする』
『自分はいつも貧乏くじを引く』
『あいつばかり得をする』
『みんな自分を嫌っている』
『あの人は私を嫌っている』

思い当たる言葉はあるかな。もしあったら、口から出る言葉だけじゃなく、思うことも変えないといけない。そのままにしていると運気が下がるよ。

『こんな事実があるから、うまくいかない』とか『こんなことがあるのは運が悪いからだ』と言って、いくらぼやいていたところで現状が好転するわけではない。運気が上がるわけでもない。それどころか、その言葉が自分に戻ってきて、もっと運気が下がったり、病気になったりするんだよ。

どんなに自分に不都合な事実であっても、マイナスの言葉をくり返しているかぎり、運気はよくならないし、いいことは起こらない。それどころかマイナスの言葉がモンスター化してもっとひどい悪運を引き寄せてしまうかもしれない。
最初は小さかった災いがどんどん大きくなってしまうのは、そのためだよ。だから、文句を言いたくなっても、そういう思いが出てきても、そのまま言葉にしないほうがいいし、思わないほうがいい。どんなにひどい事実であっても、それをマイナスの言葉で実況中継しないほうがいいんだよ」

事実であっても不幸を実況中継しない。愚痴や文句を言うと言葉がモンスター化するという話を聞いて、「そうなんだ〜」と実感しました。そして、老人が私に伝えようとしている宇宙の法則が、なるほどと頷けました。

☆どうしてもガマンできないときは1分間だけ吐き出す

「言い終わったら必ず『今の言葉、言わなかったことにします』あるいは『思わなかったことにします』と宣言することを絶対忘れちゃだめだよ」

でも、辛いことがあると、ついつい文句や愚痴が出てしまうのが人間の弱さです。発しないほうがいい、そう思わないほうがいいとはわかっていても、ついつい言ってしまうし、心の中で思ってしまいやすいのです。

私がそう考えていますと、老人は見透かしたように、こう話しかけてきました。

「もちろん、マイナスの言葉であっても発したほうがすっきりするときもあるよね。運気が下がるから言ってはいけない、思ってはいけないと我慢しすぎると、かえってストレスになる。完璧な人間なんて誰もいないからね。

どうしても我慢できそうにないときは、1分だけ吐き出すといい。たとえば『バカヤロウ』と1分以内で言って切り上げる。このとき必ず最後にやっておくことがある。それは、『今言った言葉、言わなかったことにします』と宣言することだ。

1分以内が基本だけど、どんなに長くても3分以内だよ。それ以上、文句や愚痴を言い続けると、間違いなく、やまびこのように自分に戻ってきて、運気を落としてしまうよ。

言い終わったら必ず『今の言葉、言わなかったことにします』あるいは『思わなかったことにします』と宣言することを絶対忘れちゃだめだよ。

できれば、さらにプラスの言葉で言い直すといいよ。それをやっておくと、運気をもっと上げることができるんだよ」

口にしてはいけない、心の中で思ってはいけないとわかっても吐き出したくなることは誰にだってあるでしょう。それを我慢しすぎると、ストレスになることもあります。

そんなときは思い切って言ってしまい、「今の言葉、言わなかったことにします」「思わなかったことにします」と宣言すればいいのか。それで、マイナスの言葉が戻ってこないようにできるのか。それなら、ついつい文句や愚痴が出てしまっても間に合いますね。この言葉は魔法の言葉だと思います。

プラスの言葉で言い換えるというのはこういうことだよと、老人が挙げた例をいくつか紹介しておきます。

○「あいつは、いつも私に無理なことを押し付ける。バカヤロウ、自分でやれよ。私に押し付けるな」という言葉が口から出たり、そう思ってしまったりしたら、「今の言葉、言わなかったことにします」「思わなかったことにします」と宣言する。
さらに、「お陰さまで仕事を手伝ってくれる素敵な人が見つかった」とか「仕事がスムーズにすんでよかった」とプラスの言葉で言い換える。
○「自分ばっかり損をする。貧乏くじを引く」という言葉が口から出てしまったり、そう思ってしまったりしたら、「今の言葉、言わなかったことにします」「思わなかったことにします」と宣言する。

さらに、「お陰さまでチャンスが見つかりました」とか「いいことが起こっている最中です」と言い換える。

○「もうダメだ。自分には無理だし、できっこない」という言葉が口から出たり、そう思ってしまったりしたら、「今の言葉、言わなかったことにします」「思わなかったことにします」と宣言する。

さらに、「最初は無理そうに思えたけど、お陰でやり方を変えて上手くいきました」とか「手伝ってくれる人が見つかりました」と言い換える。

マイナスの言葉を言ったら「言わなかったことにします」と言い直そう

1章のポイント

「老人が教えてくれた宇宙の法則」

・言葉にはすごいチカラが宿っている
・発した言葉は必ず自分に戻ってくる。プラスの言葉を発するとプラスのことが戻ってくるし、マイナスの言葉を発するとマイナスのことが戻ってくる
・事実であってもマイナスの言葉で実況中継はしない
・どうしても我慢できないときは1分、最大でも3分以内に吐き出す。その後に必ず「今言った言葉、言わなかったことにします」「思わなかったことにします」と宣言する
・最後にプラスの言葉で言い換えるともっといい

2章

自分の名前に「ありがとう」は幸運を呼び込む最強の言葉

☆「ありがとう」を唱えると宇宙とつながる

「『ありがとう』は、まず自分に向かって言うといいんだよ。いちばんいいのは、自分の名前に『ありがとう』と唱えることだよ」

老人は言葉が人生をつくるということについて、さらにこんな話をしてくれました。

「言葉が人生をつくるのだから、自分の言葉、自分の思いに責任をもつことがとても大事なんだよ。いいかい、もう一度言うよ。自分の言葉、自分の思いに責任をもつこと。そして、できるだけいい言葉を口にするようにする、思うようにする。しっかり心に刻みなさい」

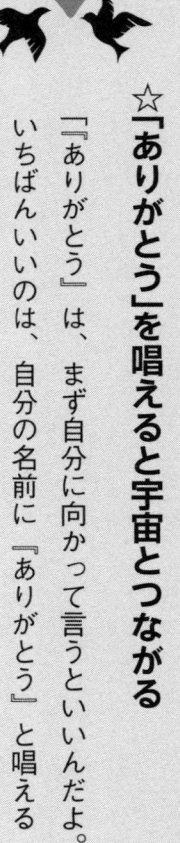

このことは、私の師もよく言っていたことです。言葉が運気をつくるから当然のことなのですが、私たちの日常では、ついつい愚痴や文句が増えてしまいます。不安や心配から、うまくいかなかったらどうしよう、事故にあったらどうしようなどと口に出したり、思ったりしてしまうことがしょっちゅうです。

初めて飛行機に乗るという人が、落ちたらどうしようと言っていたら、乗った飛行機が大揺れに揺れて、本当に怖い思いをしたそうです。大事故でなくて幸いでしたが、心配しすぎてマイナスの言葉を口にしたり、思ったりしていたので、そういうことが引き寄せられてきたのかもしれません。

飛行機に乗る前に「無事到着しました、ありがとう」と宣言するのがおすすめです。私は事故にあわないように飛行機に乗るたびにやっています。

私の師が「心配したって物事はよくならないよ、だから心配しそうになったらその反対のことを思うといい」と言っていたことを思い出していると、老人は「言葉が人生をつくると言ったけど、いちばん強力な言葉を知ってるかな。世界最強の言葉だよ」と話しはじめました。

どんな言葉だろうと考えていて、また私の師が言われていたことを思い出しました。「難が有ったときも、ありがとうと感謝したほうが運気がよくなるから『有難う』なんだよ」

どうも老人は私が思うことがすべてわかってしまうようです。老人はにっこり微笑んでこう言いました。

「そうだ、『ありがとう』だよ。これほど幸運を呼び込む最強の言葉はないんだよ。君は何か欲しいものがあるかな？ そんなときは先に感謝してしまうといいんだ」

とくに思い浮かばなかったけれど、ペルーに来る前にこんなことがありました。ペルーに行きたくて、会社に20日間の休暇願いを出してみました。もちろんダメと言われましたが、私の師から先取りして感謝してしまうといいことがあると聞いていたので、「ペルーに行けました。ありがとうございます」とくり返し唱えてみました。

すると、仕事が奇跡的に一区切りでき、さらに有給休暇を取ることもできて、まとめて休みをもらえたのです。

そんなことを思い浮かべていると、老人はもっと驚くことを話しはじめました。

「『ありがとう』は、まず自分に向かって言うといいんだよ。いちばんいいのは、自分の名前に『ありがとう』と唱えることだよ」

私はその場で『千晶ちゃん、ありがとう』『千晶ちゃん、ありがとう』とくり返し言ってみました。

すると、それまで体験したことの

人生を変える最強の言葉は
ありがとう

ない不思議な感覚になったのです。

実際に見えたわけではないけれど、スルスルっと宇宙から太いパイプが降りてきて、そのパイプで宇宙とつながったような感覚になりました。その瞬間、直感が冴えて、宇宙の知恵が降りてくるように感じました。

そんな私を見て、老人はこう付け加えました。

「自分の名前に『ありがとう』と唱えていると直感が鋭くなり、宇宙から、失敗や苦難から自分が守られる知恵が与えられる。病気になる前に回避することもできる。事故に遭わなくてもすむんだよ。

直感が鋭くなると、宇宙は質問をしたことに答えてくれるようになるよ。いくら悩んだり、迷ったりしても答えを見つけられないのは、不安や心配、恐れなどで心が覆われてしまい、直感が閉ざされてしまうからだよ。

宇宙は困ったときは助けてくれるし、どうしたらいいかも示してくれる。何でも知っているスーパーコンピューターみたいな存在だよ。だから、自分の名前に

『ありがとう』と唱えて直感を鋭くし、宇宙に聞いてみればいい。

宇宙とつながっていれば病気で苦しむこともなくなるよ。私はかなりの年だけど、宇宙とつながっているから、すべてがちゃんとうまくいくんだよ。

たとえば、健康のためには食べ物に気をつけないといけないと考えるだろう。でも、食べ物を変えても健康づくりには10%も影響しないよ。何をどのくらい食べたらいいかは、直感的にわかるんだよ。何を食べたかよりも、どんな言葉を発したかのほうが大事なんだよ」

その後、私が6000

名以上に試してみたところでは、「千晶、ありがとう」と呼び捨てにするより、「千晶ちゃん、ありがとう」「千晶さん、ありがとう」と敬称をつけたほうがプラスのエネルギーが大きくなるようです。「ちゃん」「さん」「君」などを付けて自分の名前を呼ぶのは、最初は気恥ずかしいかもしれませんが、そのほうが間違いなく運気を高めることができます。

また、恥ずかしいとつい早口になってしまいがちですが、ゆっくりすぎるくらいゆっくりとハートの内側に向けて言ったほうがいいこともわかりました。

☆自分のことが好きになり直感が鋭くなる

「自分の名前に『ありがとう』と唱えていると自分のことが好きになり、直感が鋭くなり、宇宙から知恵が与えられる。病気になる前に回避することもできるし、事故に遭わなくてもすむんだよ」

老人は、さらに自分の名前に「ありがとう」を唱えることについて、こんな話もしてくれました。

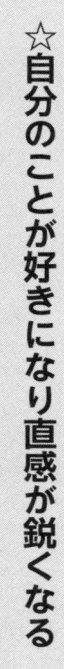

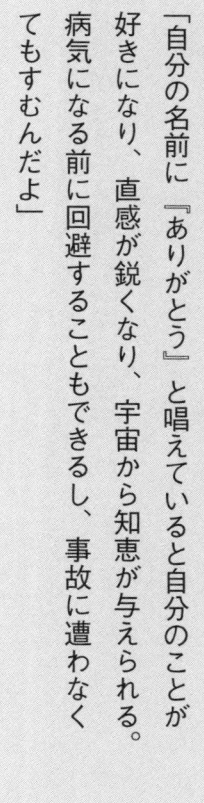

「自分の名前に『ありがとう』を唱えていると、自分のことがどんどん好きになってくる。自分を好きになると、他人も好きになれる。

よく子どもを虐待する親がいるだろう。そういう人は自分のことが好きじゃないんだよ。でも自分の名前に『ありがとう』を唱えていると自分のことが大好きになるので、子どもを虐待することもなくなるんだよ。自分を好きになると、思いやりの気持ちが湧いてくるからね」

私が、「みんなが自分の名前に『ありがとう』を唱えたら、きっと世界は平和になるでしょうね」と言いますと、こう言われました。

「そのとおりだよ。争いなんて起こらなくなる。まずは、やってみてごらん。やってみてうまくいったら、それを周りに伝えていくといいよ」

コラム

「ありがとう」と言いながら号泣

私は、老人に出会ってから20年、セミナーの参加者に、自分の名前に「ありがとう」を言ってもらっていますが、その場の雰囲気がいいせいか、言いながら号泣する方がほんとうに多いのです。

そうした体験は拙著『自分の名前に「ありがとう」を唱えると奇跡が起こる！』でも紹介していますが、なかには、この本を読んだだけで号泣したという方もいます。泣いているうちにスッキリして目の前がぱっと開け、大きな気づきがあったというのです。

私のもとに寄せられた感想もたくさんありますので、そのなかのいくつかを取り上げてみます。

・不思議なことに、自分の名前に「ありがとう」を言い続けていると、ドーっと涙が溢れてきました。今まで経験したことのない感情で、正直自分でもびっくりしました。

それまでは、自分がダメなんだとか、自分が悪いんだと自己否定ばかりしていました。ところが、自分の名前に「ありがとう」を言い続けていたら、自分が許せるように。お陰でストレスがだいぶ減りました。

・自分の名前に「ありがとう」を言うなんて、すごく抵抗がありました。恥ずかしくて言えない。そもそも私は、そんなご立派な人じゃないと思ったのです。

私は以前から、人に対して素直に「ありがとう」を言えませんでした。お礼を言うときも「ありがとう」ではなく「すみません」と言っていました。本当は「ありがとう」と言ったほうがいいと思って何とか言おうとすると、「あ、あ、あ、ありがと」とぎこちなくなってしまいました。顔も怖い顔になっていたと思います。

そんな私ですから、形だけでもいいと思い、自分の名前に「ありがとう」と言い続けてみました。すると、ある日、不思議なことが起こりました。なんだか体が熱くなってきて、とたんに涙が溢れてきたのです。悲しくて泣いているのとはちょっと違う感覚で、涙が次から次へと出てきます。

泣いた後は、それまで味わったことのない清々しい気分になりました。自分はこんなに頑張ってきたんだ、肩ひじ張って無理をしていたんだ、辛くても周りの人に「お願いします、手伝ってください」の一言が言えなかったんだ。そんな自分に気づくことができました。

なんと、長年苦しんでいたアトピーも消えていました。

・自分の名前に「ありがとう」と言うくらいで、何が変わるの？　言葉で変わるなら人生苦労しないよね、そんなふうに思いました。それに、「ありがとう」は自分以外の人に言う言葉だと思っていました。

それでも、ちあ魔女（愛場さん）から「もっと自分を大切にしないといけないよね。言ってみよう」と言われ、恥ずかしいと思いながら「かよこちゃん、ありがとう」と言おうとしました。

ところが、途中で言葉が詰まって言えないのです。あれ？　どうして言えないの？　私は「ありがとう」と言われるほど価値がない人間だと思ってきたし、ずっと自分のことが嫌いだったのです。心も体もガチガチで、頑固の塊みたいになっていました。

私は自分のことを大切にしてなかったのだと気づいた瞬間、涙がとまらなくなりました。ちあ魔女に「ごめんなさいじゃなくて、ありがとうだよ」と言われながら、「ありがとう」をくり返していると、ますます涙が出てきました。

「泣きたいときは思いっきり泣いたほうがいいよ」と言われて、しばらくの間、号泣しました。ティッシュをまるまる1箱使ったかもしれません。

自分の名前に「ありがとう」と言い続けると、心の奥にある氷のような塊が溶けていくようでした。心が軽くなり、素直に今の自分と向き合うことができたのです。

・はじめは自分の名前に「ありがとう」をただ言っているだけでした。ところが途中から体がぽかぽかしてくるのを感じました。さらに続けていると、胸のあたりがほんわかしてきて、泣きながら「ありがとう」をくり返していました。
今までの自分に「ごめんね」と「ありがとう」という思いが湧いてきて、「今の自分のままでいいんだよ」と抱きしめられているようでした。すると今度はワクワクしてきたのです。

それからは、家でお風呂に入っているときや寝る前に言い続けました。その度に胸の奥が温かくなり、涙が流れてきました。一日中泣いていたこともあります。涙が止まらなくて、よくこれだけ出るよなと思ったことを思い出します。
お陰さまで、今は元気になって素直に自分の名前に「ありがとう」と言えるようになりました。以前の自分とはまったく違う自分になることができました。

自分の名前に「ありがとう」と言うときは、できるだけゆっくり言います。恥ずかしいと思って早く言おうとする方が多いのですが、ゆっくりすぎるくらいでいいのです。

名前はフルネームでもいいし、ファーストネームだけでもいい。子ども時代に親から呼ばれていた愛称でもOKです。ニックネームでもかまいません。実際に呼んでみて、いちばんしっくりくる呼び方にしてください。お姉ちゃん、お兄ちゃんは名前ではないので名前にしましょう。

どうしても言いにくかったら、胸に手を置いて言うと言いやすいかもしれません。「これまで粗末にしてごめんね、もっともっと自分を大事にするからね」そんな気持ちを込めて言ってみましょう。

よく、こんな質問を受けることがあります。

「自分の名前に『ありがとう』を言うだけでなく、家族の名前を言っても効果がありますか。

夫は、自分の名前に『ありがとう』を言うといいみたいだよとすすめてもやってくれるような人ではありません。私が代わりに夫の名前に「ありがとう」を言ってもいいですか」

「息子に言わせたいけど、やるような子どもじゃありません。私が代わりに息子の名前に『ありがとう』を言ってもいいですか」

本人が言うのがいちばん効果的ですが、自分が大切に思っている人の代わりに言っても効果があります。

お子さんに代わってやる場合は、お子さんの名前に「ありがとう」を言ってから、「○○君、生まれてきてくれて『ありがとう』」と言うともっといいでしょう。

小さなお子さんだけでなく、40代、50代になるお子さんの代わりに言ってみてもいいですよ。

自分の名前に「ありがとう」を習慣にしてしまいましょう。お風呂の中やトイレの中でもかまいません。お風呂の中で言うと、声が響いて心の周波数と同調しやすくなる効果もありそうです。

散歩しながら言ってもいいでしょう。そのときは、ちょっと大股に歩き、できたら目線はちょっと上向きにするのがいいです。

私は、子どもを信頼します。
○○（名前）を信頼します。
○○ちゃん生まれてきてくれてありがとう。
と生まれた時を思い出すのもおすすめです。

何より、自分に合った続けやすい方法がいちばんです。いろいろと工夫してみてください。

☆心がネガティブなベールで覆われていないか？

「ネガティブな言葉を発していると、心が黒いベールで覆われてしまう。強運を引き寄せる無限の知恵の宝庫である宇宙と心が切り離されてしまい、不運な事故や病気を引き寄せてしまいやすくなる」

「黒いベールが取れてくると直感力が増し、心が宇宙とつながってくるよ。それにつれて運気が上昇し、人生が変わってくるよ。体の状態も変わるよ」

老人は心を覆っているベールについても話してくれました。

「『自分はダメだ』『何をやってもうまくいかない』『不安で恐くてしようがない』『自分はいつも孤独だ』『年を取ったら病気は仕方がない』『自分は嫌われている』

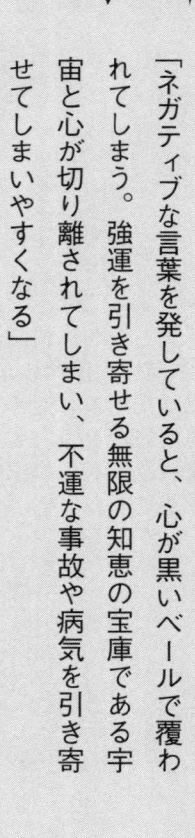

『人生はうまくいかないものだ』『苦労はつきものだ』

そんな言葉を発していると、心がネガティブなベールで覆われてしまう。強運を引き寄せる無限の知恵の宝庫である宇宙と心が切り離されてしまい、不運な事故や病気を引き寄せてしまいやすくなる。

それより『私は強運だ』『私は何をやってもうまくいく』『いい友人に恵まれる』と言ったほうがどれだけいいか、すぐに想像がつくだろう。

ネガティブなベールはいつから出来ると思う？　赤ちゃんのときはピッカピカの心で生まれてくるけど、ストレスや怒り、不安、自己否定などの感情から出てくる言葉が心を黒いベールで覆っていくんだよ。

どうして、このベールを取ることができると思う？　誰でも簡単にすぐできるのが、自分の名前に『ありがとう』を言うことだよ。とくにベールの層が厚い人は、『ありがとう』をたくさん唱えたほうがいい。

黒いベールが取れてくると直感力が増し、心が宇宙とつながってくるよ。それにつれて運気が上昇し、人生が変わってくるよ。体の状態も変わるよ。

普通、運気を変えるとか人生を変えると言うと、何かとても難しいことをしないといけないと思う人が多いけれど、これなら誰でもできることだよ」

私が驚いて、「どんな人も、ですか?」と聞くと、老人ははっきりと言いました。

「もちろんだよ。言葉のチカラを知り、本気で『ありがとう』を言うだけでいい。簡単にできるから、焦らずゆっくりと楽しみながらやればいい。そうしていると、直感が鋭くなり閃くことが増えてくるよ。それを素直に実行してみることだ。何か変わったら儲けものぐらいの軽い気持ちでやってみるといいよ。

くり返して言うけど、楽しみながらやるのがコツだよ。なんか調子がいい、ツキが巡ってきていると気づくことが出てきたら、黒いベールは取れてきていると思っていい。

ところが、黒いベールが厚い人ほど、自分の名前に『ありがとう』を言ったぐらいで運気が変わるなんて、あるはずないと疑ってしまう。そういう人は、よほど辛抱強く『ありがとう』を言い続けないとベールが取れないだろうね。
本人が言うのがどうしても難しいときは、家族が代わりに言ってあげるといい。それでも徐々に黒いベールが取れてきて、自分で言ったほうがいいと気づくようになるよ」

老人の話を聞いているうちに確信できました。人は不幸の原因は自分の外にあると思いがちですが、本当は自分が発する言葉にあるのです。生まれてきたときは宇宙とつながっていて幸せに生きる知恵を得られるようになっていたのです。

素直に実践

ところが、年を重ねるなかでネガティブな言葉を口にしたり、思ったりすることが多くなり、心が黒いベールで覆われていくのです。つまり、自分から幸福な人生を生きるために必要な宇宙とのつながりを絶ってしまうのです。

それが不幸の正体ですねと、もう一度老人に確かめますと、こう答えてくれました。

「そうだね。心を覆っている黒いベールがあまり厚くなると、まったく宇宙の知恵が届かず、犯罪に手を染める人も出てくるんだよ。生まれつきの犯罪者なんていないからね。犯罪に手を染める前に止めてくれる人がそばにいなかったんだろうね。

黒いベールを取り除くためには家族の存在も大事だが、いい仲間も大事なんだよ。

そうやって自分を支えてくれる人がいると気づくことができれば、たとえ犯罪を犯してしまっても、しっかり反省もできるようになるし、もう二度と過ちを犯

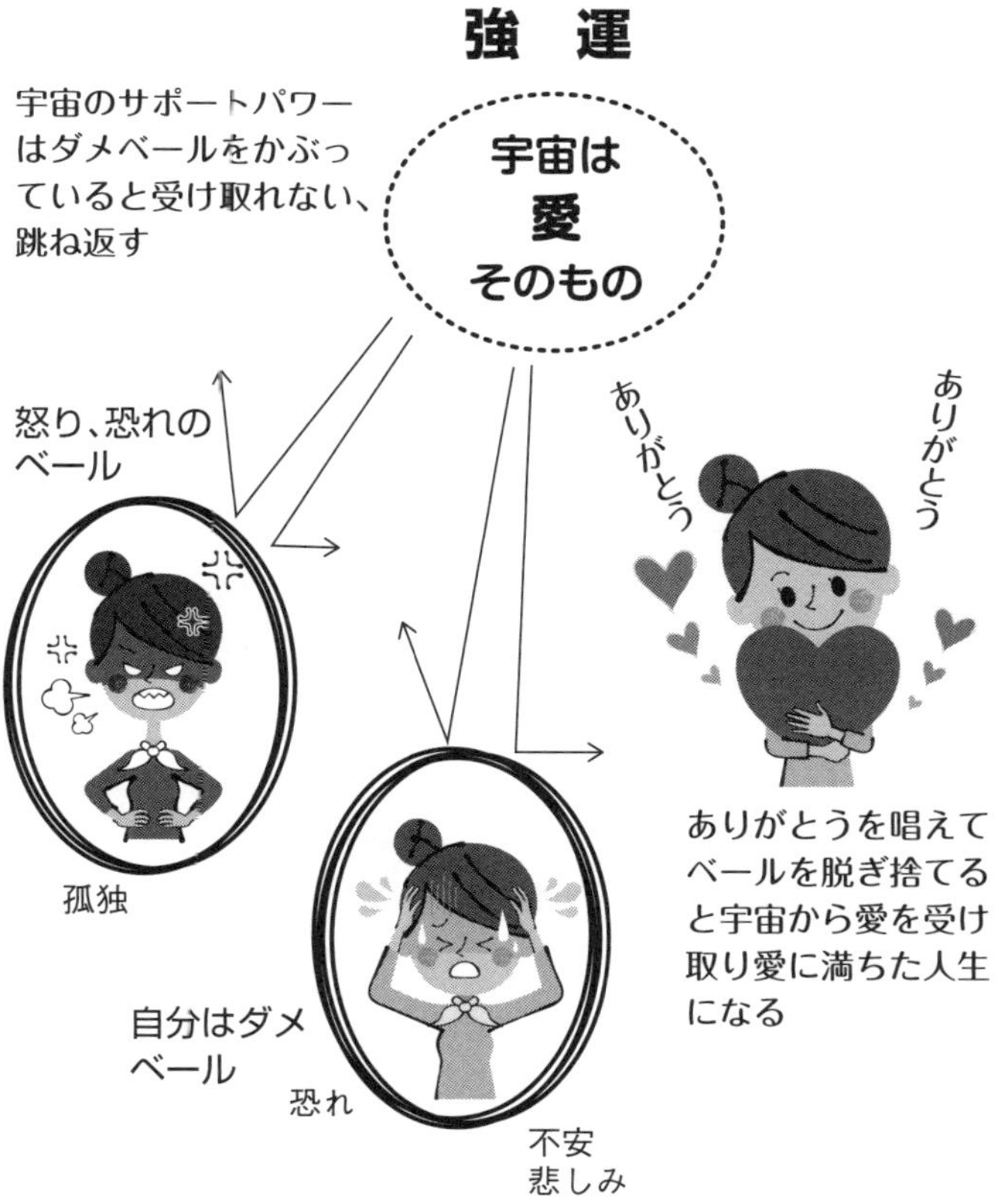
強　運
宇宙のサポートパワーはダメベールをかぶっていると受け取れない、跳ね返す
宇宙は
愛
そのもの
怒り、恐れのベール
孤独
自分はダメベール
恐れ
不安
悲しみ
ありがとう
ありがとう
ありがとうを唱えてベールを脱ぎ捨てると宇宙から愛を受け取り愛に満ちた人生になる

さないと決意できるようになるよ。そして、いい言葉を言い続けていけば幸せになる人もいるだろう」

誰でもピッカピカで生まれてきて宇宙の知恵を受けながら幸せに生きられるはずなのです。ところが、自分の言葉のチカラを知らず、不安や心配、怖れの感情に影響されてマイナスの言葉をくり返していると、直感が鈍り、宇宙とのつながりも絶たれてしまう。その結果、自ら不幸を招いてしまうのです。

このことがわかれば、みんなが幸せな人生を手に入れられると心の底から確信しました。そのことがわかっている老人は、強い口調でさらにこう続けました。

☆「ありがとう」を習慣にしてしまう

「私たちはちょっとうまくいくだけで慢心してしまうものなんだ。だから、常に常に『ありがとう』を言い続けることが大事なんだ」

「もうひとつ伝えたいことがある。黒いベールが取れてきても、途中で慢心するとまたベールがかかってしまい、直感が鈍くなり、宇宙の知恵から遠ざかってしまうんだよ。

私たちはちょっとうまくいくだけで慢心してしまうものなんだ。だから、常に常に『ありがとう』を言い続けることが大事なんだ。

そんな簡単なことなら、いくらでもできると思うかな？　たしかにシンプルだけど、実際にやり続けることは難しい。だからこそ、『ありがとう』を習慣にしてしまうといいんだよ。一生続けてごらん。きっと強運になるから」

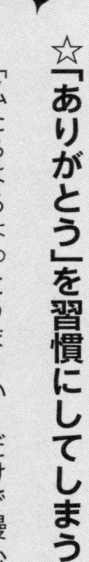

老人は、もし体のどこかが調子が悪かったら、自分の名前に「ありがとう」と言いながら、さらに調子の悪いところの名前に『ありがとう』を言うといいことが起こると話してくれました。

「体の調子の悪いところに手を置いて、たとえば『腰さん、ありがとう』と話しかけてから、『動いてくれてありがとう、もっと大事にするからね』と話しかけるといい。

同じ怪我でも、自分の不注意で怪我をしたときより、交通事故で怪我をさせられたときのほうが治りにくいだろう。それには理由があるんだよ。

たとえば自分が転んで怪我をすると、恥ずかしいから人に聞かれても『たいしたことないですよ』とプラスの言葉で答える。だから早くよくなることが多い。でも事故で怪我をさせられると、『あの人のせいでこうなってね。痛くて、痛くて歩くのも大変なんだよ』と恨みや文句の言葉を発しやすい。だから、治りが遅くなるんだよ。

そういうときだからこそ、たとえば『おかげさまで少し体を休めるチャンスをもらえた、ありがとう』とプラスの言葉を発すると治りが早くなるんだよ」

コラム

事実であっても病気の実況中継をしない

人に会うたびに、体のどこそこが痛い、調子が悪くて辛いなどと言っていると、その言葉が自分に戻ってきてさらに痛みが増したり、調子が悪くなったりしやすいのです。だから、体のどこかに不調のあるときは、意識して「ありがとう」をたくさん言ったほうがいいのです。

こんな人がいました。腕が痛くて寝られないと言うので、「腕にありがとう」と言ってみてと伝えて、すぐにやってもらいました。その人は言いながら号泣されていましたが、翌日、不思議なほど腕の痛みが消えていたのです。

この人は素直にやってみたのが良かったのです。「ありがとう」を言ったぐらいで変化するなら医者はいらないといった思いが湧いてきても、それを脇に置いて

「ありがとう」を言ってみるといいのです。

心を覆っていた黒いベールが取れていき、その分、直感力が鋭くなり、生活習慣が変わってくる、病院や治療に関するいい情報が入ってくる、いい治療家との出会いがあるといったふうに、いいことが次々と起こってきたりします。

☆願望が叶う前から「ありがとう」と言い切る

「願望を達成するコツは、願望していることを完了形で断定して『ありがとう』と明確に言うといいんだよ」

老人によれば、叶えたい願望があるときは、叶ってから「ありがとう」と言うのではなく、叶う前から「〇〇が叶いました、ありがとう」と言い切ったほうがいいのです。老人はこのこともわかりやすく話してくれました。

「何か願いごとが叶ったら『ありがとう』を言うんじゃないよ。叶う前に『ありがとう』と言うんだよ。そうすると願望と周波数が一致するんだよ。たとえば何か欲しいものがあったら、手に入れる前から『手に入りました、ありがとう』を言うといいんだよ。忙しくて誰かに手伝ってほしいときは、先に『手伝ってくれて、ありがとう』と言ってしまうといい。本人の前で言わなくても、心の中で言うだけでいい。そうすると手伝ってくれるよ。『ありがとう』を言うときは、手伝ってくれている場面をイメージしながら言うとさらに効果が高まるよ。

たとえば仕事を担当してくれる人を探しているのなら、『いい人が見つかりました、ありがとう』と言ってしまうといい。

不親切だなと感じる人がいたら、『親切にしてくれて、ありがとう』と心の中で言ってみる。直接言わなくても、その人が親切になってくるよ。嘘だと思ったらやってごらん。

苦手な人がいたら、毎日その人をイメージして『○○さん、ありがとう』と言ってみてごらん。きっとその人の対応が変わってくるよ。

自分がやりたいことがわからなかったら、『やりたい道が見つかりました、ありがとう』と、キラキラ輝いている自分の姿をイメージしながら言ってみる。決して『やりたいことが見つかりますように』とは言わないこと。完了形だよ。きっと、やりたいことが見つかると思うよ。

いいパートナーと出会いたかったら、『いいパートナーが見つかりました、ありがとう』と、素敵な人をイメージしながら言ってみる。きっと将来のパートナーと周波数が合ってきて出会いがあるよ。このときも、けっして『見つかりますように』と言ってはいけない。それだと、見つかっていない現実に周波数が合ってしまい、いつまで経っても見つからないよ。

私も君に出会うまで3カ月、『宇宙の知恵を伝える相手が見つかりました、ありがとう』を言い続けていたんだよ。

いい上司に恵まれました。
ありがとう。

日本とペルーは相当距離があるのに、ちゃんと君と周波数が合って出会えた。時間も距離も関係ない。

家族に元気でいてほしかったら『お母さん、元気でいてくれて、ありがとう』、病気だったら『治ってよかった、ありがとう』だよ。そこまで言えなかったら、最初は『元気になっている最中です、ありがとう』からはじめてもいいよ。

そのときは目線を上げて笑顔で言ってみよう。医師が『完治しています』と言っている場面をイメージしながら言ってもいいよ。

まだまだあるよ。親といい関係を築きたかったら、『お母さん産んでくれて、ありがとう』『お父さん私を見守ってくれて、ありがとう』と言っていると、親子関係が変わってくるのを実感できるよ。親は私のことをわかってくれない、理解してくれないという不安や不満があっても、それらをいったん脇において『ありがとう』を言うんだよ。

もうわかっただろう。願望を達成するコツは、願望していることを完了形で断定して『ありがとう』と明確に言うといいんだよ」

老人が話してくれたように、「ありがとう」は完了形にして言ったほうが効果的です。このことをある親御さんに伝えたことがあります。

このお母さんは、お子さんが学校に行きたがらないことを心配していました。それで、自分の名前に「ありがとう」を言いながら、「先生いつも見守ってくれて、ありがとう」「(子どもの名前)○○ちゃんがいいクラスに恵まれました、ありがとう」と、くり返し言い続けるようにすすめました。

すると、いろんな反応があったそうです。試験の前の日に親子で「百点を取りました、ありがとう」と言って寝ると、翌朝、子どもが試験の問題に出そうなところが閃いて、教科書の該当箇所を復習してから出かけました。すると、そのままの箇所が試験に出て、いい点数が取れたというのです。

そんなことが一つひとつ増えていって自分に自信が出てきて、お子さんはすすんで学校に行くようになったと知らせてくれました。

ほかにも、自分の名前に「ありがとう」と言いながら、叶えたいことを完了形で言っていたら、本当にそうなったと知らせてもらうことが驚くほど多いのです。

そのなかから、いくつか取り上げて紹介します。

・どうしても子どもが欲しくて「元気な子どもが授かりました、ありがとう」と言い続けていたら、子どもが授かった。

・車が欲しくて「白いトヨタの車が手に入りました、ありがとう」と言い続けていたら、その車の新古車が破格の金額で手に入った。

・遅刻しそうになったので「間に合ってよかった、ありがとう」と言っていたら、不思議なことに乗りたかった電車が遅れて来て乗り込むことができ、予定の時間に間に合った。

・これは私の体験。朝6時19分、東京駅出発の新幹線に乗る予定だったが、隣の神田駅に電車が着いた時点ですでに6時17分。もう間に合わないと思ったけれど、「間に合ってよかった、セーフだ、ありがとう」を心の中で言っていたら、予定の新幹線にギリギリで飛び乗ることができた。

乗車後「新幹線は5分遅れて出発しました。お忙しいところ申し訳ありません」という車内アナウンスが流れたが、本当にラッキーだった。

こういった体験が何度もあります。そのたびに、老人が教えてくれた「ありがとう」の言葉のチカラはスゴイと実感しています。

☆手に入る前に「ありがとう」を言ったほうが、お金は集まる

「大事なのは、ただお金が欲しいとイメージするより、お金が手に入ったら何をしたいのかをイメージすることだよ」

老人は、お金についても同じだと言います。お金が手に入る前に、すでに手に入ったように想像して「ありがとう」と言ったほうが、実際にお金が集まってくるというのです。

「お金が欲しかったら、『お金が手に入りました、ありがとう』と言ったらいいよ。ただし、君たちが欲しいのはお金そのものではなく、お金という道具で手にしたいものだろう。それが叶った、『ありがとう』と完了形で言えばいい。

お金だけじゃないよ。何かしたいことや欲しいものがあるなら、それができま

した、手に入りました、ありがとうと言えばいいんだよ。たとえば、こんな感じだよ。

『欲しかった車が手に入りました、ありがとう』とか『○○に旅行に行けました、ありがとう』『欲しい家が手に入りました、ありがとう』

もし家が欲しい場合は、先に完了形で『ありがとう』を言っていると、破格な値段で手に入るとか、転職やヘッドハンティングで仕事が変わり収入が大幅アップして手に入るといったことが起こるんだよ。たとえ、家が手に入らなかったとしても、そんな家を持っている人と同居できることになるかもしれない。

私の知り合いで、破格の金額で家を借りられた人がいた。家主は海外に転勤になって3年間は帰ってこないから住んでほしいと言われたそうだ。立派な家具付き、家電付きでね。君は将来どんな家に住みたいかね?」

そのとき私は「うーん、そうですね、レンガの家とかいいかなぁ、四角い家がいい」と答えたのですが、このことはすっかり忘れていました。じつは今、3階建てのレンガづくりの四角い家に住んでいます。そんなに真剣に思ったつもりはなかったのですが、そうなっています。

じつは、お金が欲しいと思うのは、お金そのものより、そのお金でやりたいこと、欲しいものがあるからです。お金を手に入れること自体が目的になってしまうと、お金があることがかえって運気を下げることになってしまいます。

ある人から、こんな話を聞いたことがあります。

「お金が欲しくて、札束がばっさばっさ入ってくるようにメージをしていたら、お金は入ってきた。でも、今度は忙しすぎて、お金払うから仕事させないでと思うようになった。そうしたら入院することになってしまった。思いが実現してしまった」

この人は、お金がないと不安なので必死に働いて数億のお金が入ってくるようになりましたが、何をしたいのか、何が欲しいのかがはっきりしていなかったのです。だから、本当に辛かったそうです。

不安だからお金が欲しいと思っていると、お金が手に入っても別の不安で苦しくなるようなのです。大事なのは、自分は何をしたいのか、何が欲しいのかをはっきりさせることだと思います。

老人の話を聞きながら、そのように考えていると、老人はさらにはっきりと言いました。

「こんな話を聞いたら、変に思う人もいるだろう。でも、そんなことは気にしないことだ。それより、自分や家族が幸せになるために欲しいものがどんどん手に入ったら、うれしいだろう。

大事なのは、ただお金が欲しいとイメージするより、お金が手に入ったら何をしたいのかをイメージすることだよ」

☆願っていることと心の周波数を合わせる

「何度も『ありがとう』と言っていると執着心が消えて、時間に任せておけばきっと叶うという気持ちになったりする。こうなると、願っていることと心の周波数が合ってきて望みが叶うんだよ」

ここまで老人の話を聞いて、これが本当だとしたら、何を望んでも「ありがとう」さえ言っていれば叶うのだろうかと聞いてみたくなりました。たとえば、年収の10倍以上の家が欲しいと思い、「ありがとう」さえ言っていれば手に入るのだろうか。

あるいは受験で、「試験に受かりました、ありがとう」と言っていれば偏差値以上の学校に受かるのだろうか。それなら、誰も真剣に勉強しなくなるのではないだろうか。

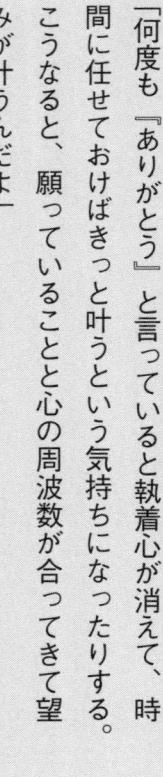

反対に、何度も「ありがとう」を言い続けていたが、何も起こらないと不満を抱く人には、どう説明したらいいのだろうか。

そんなふうに考えていると、またもや私の心を見透かしたように老人は話しはじめました。

「疑っているのかい？　物事はシンプルなんだよ。素直にやってみることが大事だよ。

もちろん、勉強をしなくていいと言っているわけではないよ。『試験に合格しました、ありがとう』を言っていると、たとえば、自分に合った勉強法が見つかったり、的確な指導をしてくる人に出会ったりして成績が伸びて受かる。努力はしなくていいということではなく、『ありがとう』と言っていると、努力がもっとも効果的に報われるように導かれるということだよ。

もうひとつ、何度も『ありがとう』と言っていると執着心が消えてくるんだよ。もう叶っても叶わなくてもいいやという気持ちになったり、時間に任せておけばきっと叶うという気持ちになったりする。こうなると、願っていることと心の周波数が合ってきて望みが叶うんだよ」

私の本（『自分の名前に「ありがとう」を唱えると奇跡が起こる！』）を読んで、「ありがとう」を言ったくらいで病気が治るはずがないと思い、徹底して自分にバカヤロウと言い続けたという人がいました。

本で伝えていることと反対のことをやったのです。自分にバカヤロウを言っているとますますムカムカしてきたそうですが、それでも続けました。すると、体が突然動かなくなり、体調がひどくなって入院することになりました。

それで、ものすごい剣幕で「あなたの本のせいで体を壊した」と連絡してきたのです。「私は、ありがとうと言いましょうとは本に書きましたが、決してバカヤロウを言いましょうとは書いていないし、推奨もしていません。あなたが真逆のことをやって体を壊したと言われても困ります」と伝えました。

そのあと、恐る恐る「『ありがとう』を言ってみませんか。バカヤロウの3倍言い続けてみてください。入院して時間があるなら、やってみてください。心の中で言ってもいいですが、できたら声に出して『ありがとう』を言ってみてくださ い」と提案してみました。

数カ月後、その方から手紙が届きました。そこには、体が回復して退院できたこと、そして「ありがとうは凄い」とつづられていました。

私の経験では、「ありがとう」をくり返して言っていると、自分の中にエネルギーがたまっていくのを実感できます。イメージとしては「光の玉」になっていく感じなので、私は「ありがとう玉」と呼んでいます。その「ありがとう玉」が体内で溶けて液体となり、頭上から全身に回っていく感じです。

168～169頁にあるQRコードで、動画投稿サイト「ユーチューブ」にアクセスしてみてください。「ありがとう玉」を誘導する方法を案内していますので、試してみてください。

☆呪いは自分で自分にかけてしまいやすい

「『ありがとう』に心の周波数が同調すれば、呪いをはねのけてしまう。怖がることはないよ」

老人の話に戻ります。老人は、呪いについても話してくれました。

「『ありがとう』を言うことで、呪いを解くこともできるんだよ。呪いって、他人にかけられるイメージがあるだろう。

でも大抵は、自分で自分にかけてしまうものなんだよ。どうしても自分自身が好きになれず、嫌でたまらない。うまく生きられない自分を認めたくない。そう思っていると自分で自分に呪いをかけてしまうんだ。他人にかけられることはめったにないよ。

とはいっても、自分に呪いをかけるだけでなく、自分がこうなったのはあの人のせいだと他人を呪ってしまうことはある。その場合も、呪いは自分に戻って来る。だから、自分を呪ってもいけないし、人を呪ってはいけない。自分の命を縮めるだけだからね」

呪いは他人からかけられるより、自分で自分にかけてしまうことが圧倒的に多いという話を聞いて、たしかにそうだと思いました。

両親がいつも喧嘩をしているのを見て育つと、子どもも夫婦関係がうまくいかないことが多いとか、親がガンになって亡くなると、子どももガンになる傾向があるといわれます。

老人の話を聞いていて、その理由がよくわかりました。親の夫婦げんかが多かったから、自分も結婚したらきっとそうなると自分で自分に呪いをかけてしまう。だから、同じことをくり返すのです。あるいは、親がガンでなくなると、自分もいつかガンになると呪いをかけてしまうからガンになりやすいのです。

アルコール中毒の方を親身になってケアしているうちに自分もアル中になった

とか、離婚のケアをしているうちに自分も離婚をした、不登校のケアをしていたら自分の子どもが不登校になったという話を聞くこともありますが、これらもまったく同じ理由で起こっていることなのです。

以前の私は、出会った人と自分を重ね合わせる癖がありました。だから相手の呪い念の影響を受けやすかったのでしょう。老人の話を聞いてからは、相手と私は違うとしっかり線を引いて接するようになりました。また、人の悪口を言うような人にはできるだけ近づかないことにしています。

ただし、家族や親戚の場合のように、接することを避けられないときは、心の中でその人に「ありがとう」を言っていると、相手の悪い周波数をはね返すことができることもわかりました。

ところで、マッサージをしている人が、相手の邪気を受けてしまい、体を壊してしまうことが多いという話を聞いたことがあります。それは、どうしてなのか、老人に聞いてみました。

「体の悪い人と周波数を合わせてしまうと、そうなるよ。とくに自分が治してあげるんだというエゴの気持ちでやっていると、相手と同調してしまって邪気をもらいやすい。人にヒーリングをするときも同じだよ。自分でやろうとすると体を壊すから気をつけること。

宇宙とヒーリング相手をつなぐパイプ役になると決めてヒーリングに当たりなさい。相手の不安や病気に周波数を合わせないことだよ。相手が元気になった姿に周波数を合わせるといいんだよ。

それから、もし他人から呪いをかけられそうになったら、自分の名前に『ありがとう』をたくさん言っていれば大丈夫。『ありがとう』に心の周波数が同調すれば、呪いをはねのけてしまう。だから怖がることはないよ」

「ありがとう」のパワーを上手に使いこなすと、呪いの念を溶かすことができ、運気が上がり、人生も好転する。それなのに、そんなことで人生が変わるはずがないと頑《かたく》なに拒む人がいます。なぜですかと老人に聞いてみました。

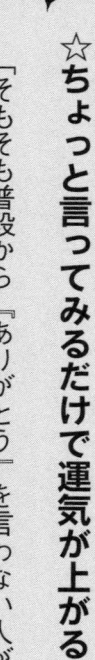

☆ちょっと言ってみるだけで運気が上がる

「そもそも普段から『ありがとう』を言わない人が多い。でも、『ありがとう』と言うことに何かリスクがあるだろうか。『ありがとう』を言うことに、すごい勇気がいるだろうか」

「たしかに、こんな話をしても、『ありがとう』を言うくらいで人生は変わらないと疑ったり、そんなことを言うのは愚かしいことだと思い込んでいたりする人がいる。こういう人は、そもそも普段から『ありがとう』を言わないことが多い。でも、『ありがとう』と言うことに何かリスクがあるだろうか。『ありがとう』を言うことに、すごい勇気がいるだろうか。

ちょっと言ってみるだけで、わかるはずだよ」

老人の話を聞いていて、昔の友人のことを思い出しました。その友人と久しぶりに会ったときのことです。彼女は結婚と離婚をくり返していて、口から出てくるのは愚痴ばかりでした。

私は彼女の話を一通り聞いたところで、やんわりと「悪口ばかり言っているけれど、運気が上がるコツは『ありがとう』だよ」と言ってみました。すると、彼女は急に怒りだしたように「私はこんなに不幸なのよ。いいことがあったら『ありがとう』を言うわよ」と言ったのです。

そうではありません。「ありがとう」が先なのです。今は不幸でも、「ありがとう」を言うことで、自分の心の周波数がよくなり、ありがたいなと思えることが運ばれてくるようになるのです。

今はどん底だとしても、行き詰っていたとしても、辛いことが続いていたとしても、自分の名前に「ありがとう」を言っていると、心の周波数が高くなり、いいことが引き寄せられてきます。これが、老人が私に伝えてくれたシンプルだけれども偉大な宇宙の法則です。

私は彼女にこんな話をしました。

「あなたはビール3杯飲む間、運んでくれた店員さんに無言だったけど、私が『ありがとう』と言ったのを聞いていた？　ここで3回の差が付くのよ」

「そんな簡単なことで運気が変わるはずないよ」

そんな話をしていたとき、店員さんが次の飲み物を持ってきてくれました。私は「ありがとうございます」と言って受け取りましたが、彼女はやはり無言で受け取っています。「ありがとう」の言葉が出てこないのです。こんな簡単な言葉なのに出てこないのです。

そのあと別の店にケーキを食べに行きましたが、そのときも彼女は店員さんに無言でした。私は、彼女が友人だと思うから、何とか真意が伝わればと思い、こんなふうに話しました。

「普段それだけ愚痴や文句を言っていたら『ありがとう』の言葉は出てこないでしょうね。あなたはたまたま不幸になったんじゃないよ。あなたの口癖が運気を下げているんだよ」

彼女だけのことではありません。普段から「ありがとう」を言う習慣がないと、

周波数が合ったものを引き寄せる

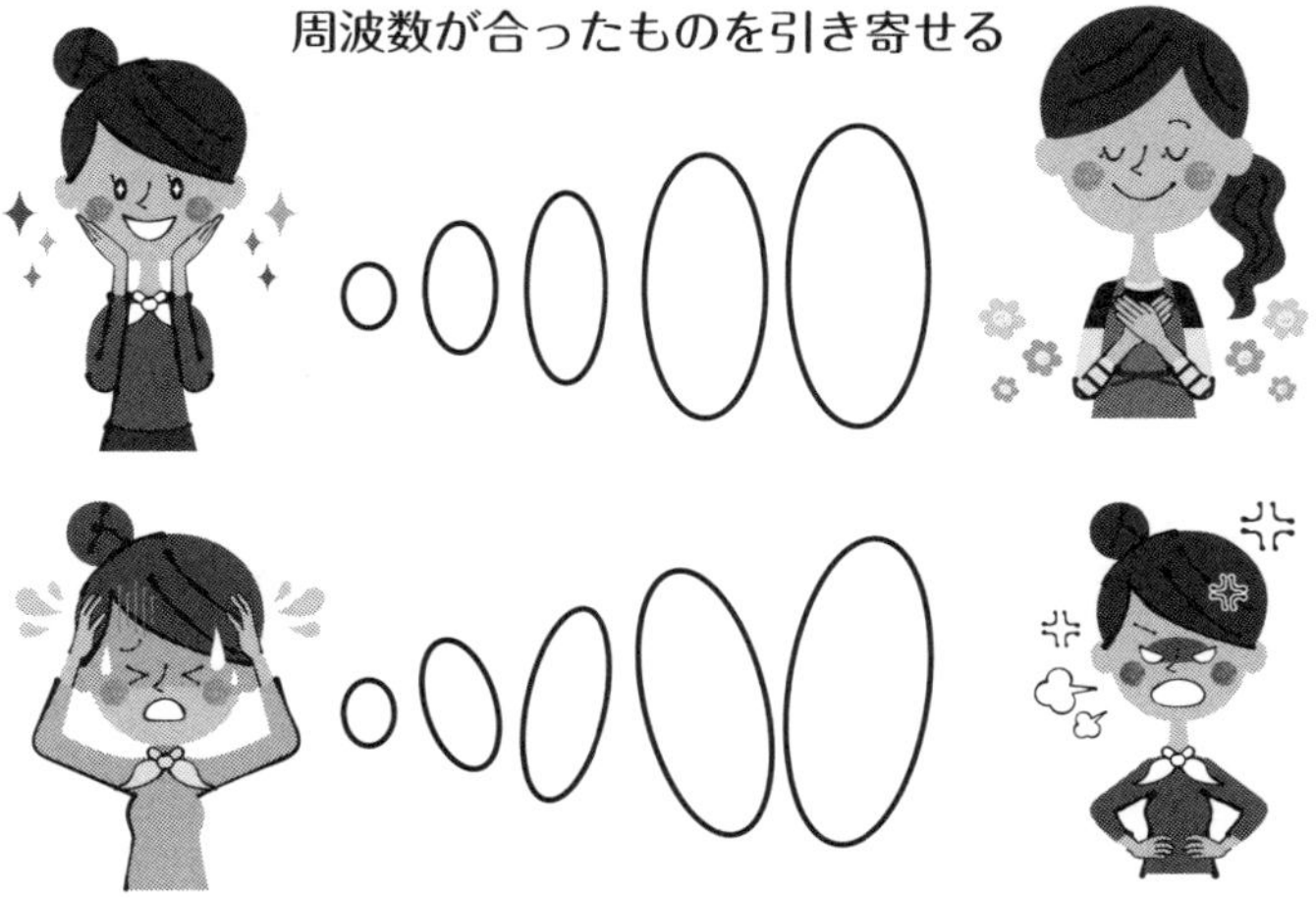

急にはなかなか言えないものです。でも、老人が教えてくれたことを知ったら、ちょっと勇気を出して「ありがとう」と言ってみようという気になるはずです。そのほうが間違いなく運気が上がっていくのですから。

2章のポイント

「『ありがとう』のチカラはすごい」

・自分の名前に「ありがとう」を言い続ければ、運気が変わり、人生が変わってくる
・願望は完了形で言い切り、「ありがとう」と言っていると叶う
・呪いは他人からかけられるより、自分で自分にかけてしまうことが圧倒的に多い
・いいことがあったら「ありがとう」を言うのではなく、「ありがとう」と言っているから、ありがとうの周波数と同調して、いいことが起こる

3章

心の周波数が人生を左右する

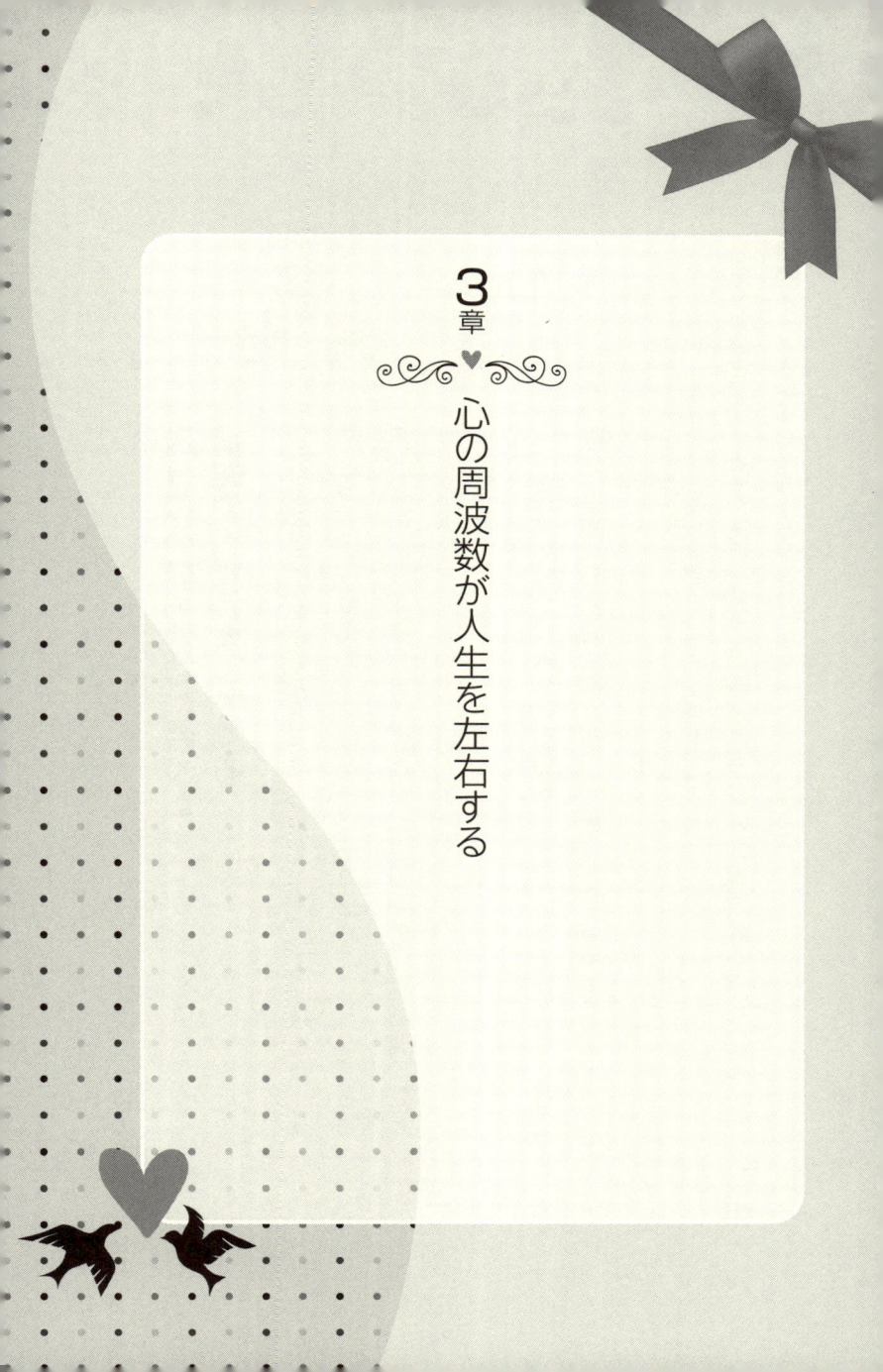

☆自分の心の周波数に合った情報や人が集まってくる

「もし今の自分を変えたいと思ったら、心の周波数を変えることからはじめないといけない。そのために、とっても効果的なのが、まず自分の名前に『ありがとう』を言うことなんだよ」

老人は、言葉のチカラがいかに人生に影響するか、いろんな角度から話してくれましたが、今度は言葉と心の周波数について話しはじめました。

「ここで、言葉と心の周波数のことを話しておくよ。

たとえばラジオやテレビだと、放送局とラジオの周波数を合わせることで番組を聴くことができる。

心と言葉も同じだよ。心と言葉の周波数が合うと、その言葉が戻ってきて人生をつくるんだよ。たとえば、病気は治らないという言葉に心の周波数が合ってしまうと、病気が治ることは難しい。貧乏でもしょうがないという言葉と心の周波数が合ってしまうと、お金持ちになることは難しい。自分は不幸だという言葉と心の周波数が合ってしまうと、幸せになることはやはり難しいんだよ。

じつは、人は知らずしらずに、自分の心の周波数に合った言葉だけを選んでしまいやすい。たとえば、誰でも健康なほうがいいと思っているはずなのに、心の中に病気になるかもしれないという不安や恐れがあると、その周波数に合う言葉と同調してしまう。ある芸能人の病気のことが話題になると気になるのも、自分の心の周波数に合っているからだよ。そうして、自分の心の周波数が病気を選んでいくんだよ。

だから、もし今の自分を変えたいと思ったら、心の周波数を変えることからはじめないといけない。そのために、とっても効果的なのが、まず自分の名前に『ありがとう』を言うことなんだよ。

『ありがとう』を言っていると、不安や心配、恐れの周波数が消えていって、不安や恐れを感じることが少ない心の周波数になっていく。

ある地域で、できるだけ悪いニュースを流さないようにしたそうだ。その結果、犯罪が減ったそうだ。悪事を犯しやすい心の周波数が少なくなったからだよ。

インターネットは情報を調べるのに適しているが、病気じゃないかと不安で調べているうちに、心の周波数が病気に同調していく。そうしていると、本当に病気になる可能性が高くなることもあるんだよ。

愚痴が多い人の周りには愚痴が多い人が集まる。人の噂や悪口が好きな人の周りには同じような人が集まってくる。反対に、前向きな人の周りには前向きな人が集まってくる。これは、互いの心の周波数が同調し合うからだよ。

イメージも同じだよ。不安や心配、恐れの周波数が強いほど、悪いことをイメージしやすくなる。だから、意識をして、いいことをイメージしないといけない。

覚えておきなさい。意識をして、いいことをイメージしていると、心の周波数が変わってくる。いい情報が集まってきたり、いい人が集まってきたり、いい出来事もどんどん起こってきたりするようになる。

もしお金のことで困っていて、不安に押しつぶされそうになると、お金がなくて困ることに心の周波数が同調しやすくなる。それで、もっとお金で困ることが起こってくる。

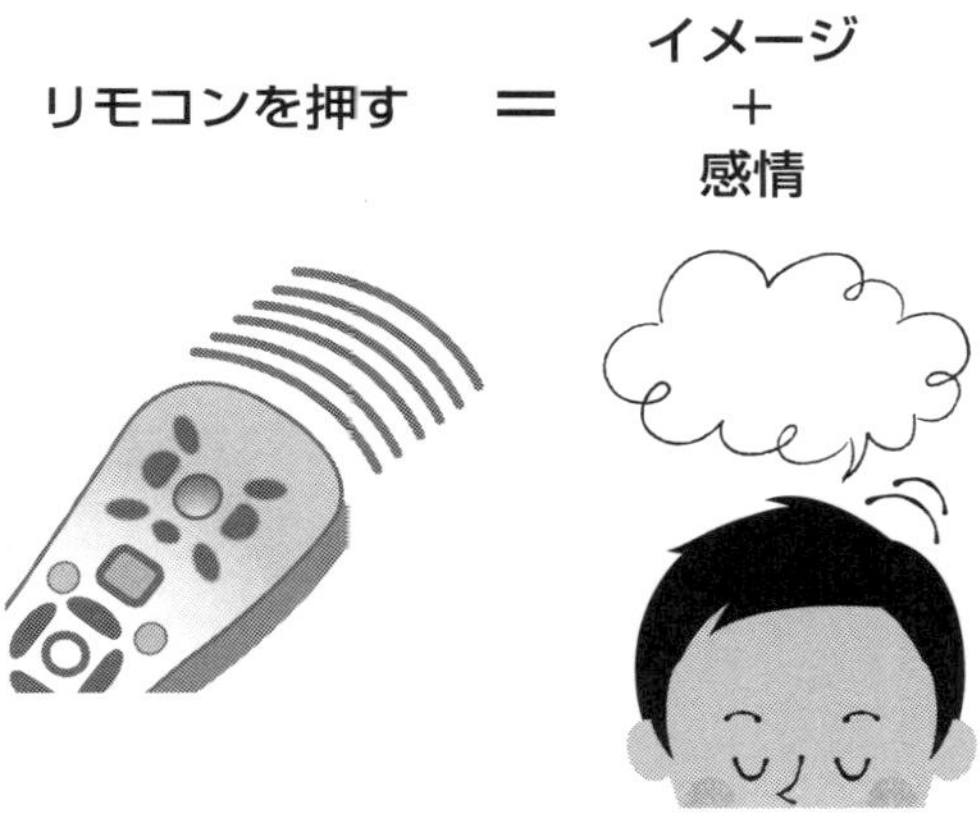

だから、そういうときこそ、自分の名前に『ありがとう』を言いながら、自分が豊かになるイメージを持つといいんだよ。テレビのリモコンを押すと周波数が変わってさっとチャンネルが切り替わるように、心の周波数が変わってお金に関してもいいことが起こってくるよ。そういう体験をしている人はたくさんいるよ。

だから、現実がひどい状況のときほど、こうなりたいと思うことをイメージする。本当にそうなったと思い、その自分に浸って楽しんでもいいよ。そうしていると、心の周波数が変わってくるよ。

本当に心の周波数が変わってきたかどうかは、感情でわかる。ワクワクしてきたり、感謝の気持ちが湧いてきたりしたら、変わってきているよ。その感情を味わっていると、もっと変わってくる。

心の周波数が変わると、現実も変わってくるよ。それまで少し時差があることもあるけど、いい感情を維持して待っていれば、必ずいいことが起こってくる。

このとき、ひとつ気をつけなければならないことがあるよ。それは、せっかく周波数が変わってきているのに、ちょっとうまくいかないことがあるだけでマイナスの感情（不安や疑い、怒り、焦りなど）にとらわれないこと。とらわれると、一気に周波数が元に戻ってしまう。

いくら待ってもいいことが起こらないと不安になったり、焦ったりしては絶対にいけないよ」

☆ワクワクして楽しい感情になったら周波数は変わる

「不安や疑いなどマイナスの感情によって心の周波数が願望と合わなくなっていくんだよ。そんなときは、自分の名前に『ありがとう』を言いながら、心を静めて、いいイメージの中にいる自分をもっと強く感じるといいよ」

私は、いろんな人たちの願望達成のお手伝いをしていますが、同じようにやっていてもうまくいく人と、うまくいかない人に分かれるのはなぜだろうと疑問に思っていました。その理由が、老人の話を聞いていてわかった気がしたのです。

それは、同じく願望を達成したいと思っていても、人によってマイナスの感情の程度が違うため、心の周波数が変わるまでに時差があるからなのです。老人は、そのことについてさらに話してくれました。

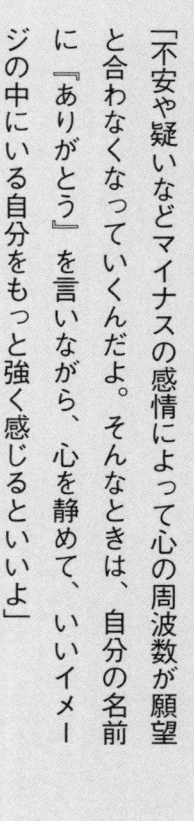

「願望が大きいときは、イメージしていても時間がかかることがある。すると途中で、こんなにイメージしているのにうまくいかないと落胆してしまう。イメージしたくらいではダメなのではないかと不安や疑いなどマイナスの感情も湧いてくる。その感情によって心の周波数が願望と合わなくなっていくんだよ。

もしそんな感情が出てきたら、自分の名前に『ありがとう』を言いながら、心を静めて振り回されないようにすることと、イメージの中にいる自分をもっと強く感じるようにすることが大事だよ。

それは映画を観ていて、物語の中に入りこんでしまう感覚に似ているよ。たとえば広い家に住んでいる自分をイメージするとしたら、その家で大好きな家具や食器に囲まれ、お気に入りの服を着て、素敵な宝石を身に付けている情景、大好きな家族と食事をしている情景などをできるだけ具体的にイメージするといい。最初は今の自分とかけ離れた気がしても、ワクワクして楽しい気分になってきたら心の周波数が変わってくるよ。

具体的には、予期せぬ出会いがあったり、いいアイデアが浮かんだり、気づかなかった自分の才能を発見したりして、気づいたら願望が達成されているよ」

私は、日本に憧れて一度でいいから日本に行ってみたいと思っていたネパールの方に日本で出会ったことがあります。

その人はネパールで生活しているとき、知り合いからもらった日本の写真が気に入り、いつもそれを見ながら自分が日本にいる情景をイメージしていたそうです。そうしているとワクワクしてきて、気分がよくなります。そのうち、本当に日本に行っているように感じるようになったというのです。

それだけで十分幸せだったから、実際に行けるかどうかはどちらでもよくなったころ、知り合いから日本に連れて行ってあげると誘われて、日本に来ることができたそうです。

この〝どちらでもよくなった〟というところが大事です。執着心があると「本当は行けるはずなんかない」などという思いが湧いてきて、焦りや不安の感情が増幅してしまいます。でも、この人はそうした執着心が無くなったことで、日本に行くイメージに心の周波数が完全に合ったのです。

広い家に住むことをイメージしても、お金がない自分には今の狭いワンルームが合っていると、そこに心の周波数を合わせてしまうと、広い家は遠のいていきます。

狭いワンルームに住んでいても、それは仮の住まいで、今を楽しく過ごそうと思っていると、焦りや不安の感情にとらわれず、広い家のイメージと心の周波数が合ってきます。気づいたら広い家に住む道が開かれていくことでしょう。

☆ありがたいことに心が同調すると、ありがたいことが起こる

「どんな小さなことでもうれしいな、ありがたいなと思っていると、心の周波数はありがたいことに同調するため、ほんとうにありがたいことが起こってくる」

老人は、私の心の周波数は普段、どんなことに同調しているか、確認してみるといいと言います。

「たとえば、自分はダメだと思い込んでいると、そういう心の周波数に合った事象や言葉と同調してしまう。だから、ますますうまくいかないことが起こってきて、さらに心の周波数が自分はダメだという周波数になっていく。

あるいは、病気が怖くてビクビクしていると、誰かがガンで亡くなったという

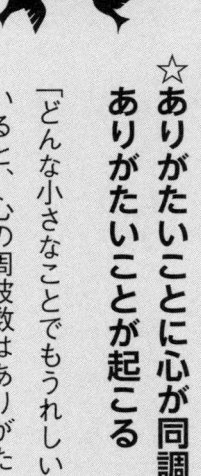

話に心の周波数は同調しやすくなる。芸能人の訃報を聞いて、本当は自分と何の関係もないことなのに、心の周波数はガンに同調していく。

お金がなくなったらどうしようと不安でビクビクしていると、心の周波数はお金がないことに同調していく。それは、会社が急に不調になってリストラされるとか、急に売り上げが落ちるといったことになって戻ってくるかもしれない。

どんな小さなことでもうれしいな、ありがたいなと思っていると、心の周波数はありがたいことに同調するため、ほんとうにありがたいことが起こってくる。

病気についていえば、自己否定や不安、悲しみ、怒り、恨みなどの感情は病気と同調しやすい周波数をもっている。その周波数に合うことに同調していると、本当に病気になるから注意しないといけないよ。

残念ながら、喜びの感情よりも、不安や悲しみ、怒りといった感情にとらわれやすい人があまりに多いんだよ。だから、病気にならないためには、自分はこれまでどんな言葉に同調しやすかったかを振り返り、自分の名前に『ありがとう』を言いながら、楽しい話を聞いて笑ったり、これからしたいことをイメージしたりして、心の周波数を変えることを意識したほうがいいんだよ。
心の周波数が変わってくると、病気に関することより、前向きに生きることに同調することが増えて、実際いいことが起こってくるよ」

コラム

いい感情でいる時間が増えるイメージ法

願望をイメージしてワクワクしても、そのあと不安になってしまうという人がいます。そんな場合は、まず、できるだけマイナスの感情を言葉にしないことを心がけてください。

もしマイナスの言葉を発してしまったら、あるいは思ってしまったら「今言った言葉、言わなかったことにします」「思わなかったことにします」と宣言します。これを根気よくくり返していると、いい感情でいられる時間が増えてきます。

いい感情でいると心の周波数が変わってきて、いい言葉を同調しやすくなってきます。周波数は感情を通して同調するのです。

願望をイメージする回数を増やすこともおススメです。まず、自分の名前に「ありがとう」を数回唱え、そのあと、願望が叶っている場面をイメージします。1日に1回やっていたとして、2回、3回と増やしてみてください。

願望をイメージしていてワクワクすることが増えてきたら、心の周波数が変わってきていますし、いいことが起こっていきます。

たとえば上司とうまくいくことをイメージしても、上司からカチンとくることを言われたり、怒られたりすると、不安や怒りの感情が湧いてきて、いい感情のままでいるのが難しくなるかもしれません。

そんなときは、愚痴とか文句を言ってしまいがちです。もしそんなマイナスの言葉を言ってしまったら、思ってしまったら、すぐに「今言った言葉、言わなかったことにします」「思わなかったことにします」と宣言してください。マイナスの感情がおさまってきます。

腹式呼吸も怒りの感情を落ち着かせてくれるので、これも一緒に行なうといいですよ。

上司とうまくやっているイメージについては、できるだけ具体的な場面をイメージするほうが効果的です。たとえば、上司に「君はここが良い。期待しているよ」とほめてもらっている場面や、上司に仕事を教えてもらって成果を上げ、「○○さんの指導がいいからです。これからもよろしくお願いします」と感謝している場面をイメージします。

上司の顔を思い浮かべるだけでも辛くなるなら、他の人の顔を想像してもかまいません。テレビの俳優の顔でもいいですし、好きな野球選手の顔でもいいです。とにかく、上司にほめられて喜んでいる場面をイメージするのです。

ストレスの発散方法が散歩や運動だったらよかったのになと思う。
私は○○を信頼します。
○○は素晴らしい人です。
を言い続ける

ご主人がギャンブルにはまっていて、どう対応したらいいかわからず困っているという女性がいました。

ストレスのはけ口をギャンブルに求めているようでした。そこで、まずこの女性に、毎日自分の名前に「ありがとう」を言ってくださいと伝えました。さらに、ご主人の名前を言って「ありがとう」も唱えてもらいました。

そのあと、「私の夫はストレス発散のし方、お金の使い方がうまくなりました、ありがとう」と完了形で言うこともやってくださいと伝えました。ご主人と家族が楽しく過ごしている場面をできるだけ具体的にイメージするようにしてもらいました。

そうしていると、しだいにご主人が変わってきたといいます。借金をしなくなり、お金を家に入れてくれるようになり、ついにはギャンブルから完全に縁を切ることができましたと報告してくれました。

3章のポイント

「心の周波数が変わると、すべてが変わる」

・心と言葉の周波数が合うと、その言葉が戻ってくる
・心の周波数と合う言葉と同調しやすい
・不安や恐れの周波数はマイナスの言葉と同調しやすい
・自分の名前に「ありがとう」を唱えていると、いい感情でいられる
・悪いことをイメージしやすいので、意識していいことをイメージする
・願望のイメージはより具体的なほうがいい
・ワクワクしてきたら心の周波数はプラスに変わってきている
・心の周波数が変わると現実が変わってくる

4章

病気にならないコツはとてもシンプル

☆「ありがとう」を言っていると体の声が聞こえてくる

「病気になる理由は、体がもっと自分を愛しなさい、もっと自分を労わりなさいとメッセージを伝えることにあるんだよ。普段から体の声を聞いていれば病気にならないし、たとえなっても重症にはならなくてすむよ」

老人は病気にならないコツについても教えてくれました。

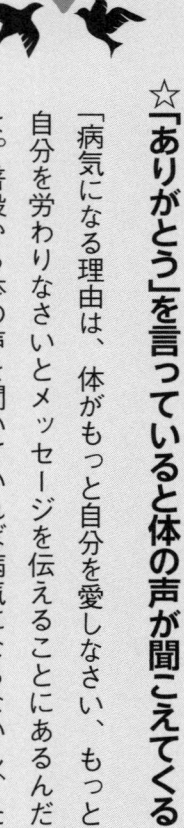

「君がヒーリングを学んでいるなら、病気にならないコツを教えてあげよう。私は病気になったことがないんだ。病気にならない法則があってね」

私は「えー、そんな法則なんてあるだろうか？」と驚きながら、そのとき悩んでいたことを相談しました。私はそのころ、ある会社でヒーリングを教えていましたが、病気のことで悩んでいる方もたくさんいました。ヒーリングの観点からアドバイスをしていましたが、どんなアドバイスがいいのか、いつも悩んでいたのです。

ですから、本当に病気にならない法則があるなら聞いてみたいと思いました。

「簡単なことだよ。まず、病気は心がつくっていることを理解できるかな？　世の中に偶然はない。だから、病気もたまたま発症するなんてことはめったにないんだよ。病気になるべくしてなっている。病気になる理由が必ずどこかにあるってことだよ。

病気になるいちばんの理由は、体がもっと自分を愛しなさい、もっと自分を労わりなさいとメッセージを伝えることにあるんだよ。普段から体の声を聞いていれば病気にならないし、たとえなったとしてもすぐにメッセージに気づくから重症にはならなくてすむよ。

そのメッセージを聞くには、素直な心でいることがいちばん大事だよ。素直な心でいるには、心が汚れないようにクリーニングしておくことが必要で、そのためには、自分の名前に『ありがとう』を唱えているといいんだよ。

もし体で気になるところがあったら、その部位の名前を挙げて『ありがとう』を言うのもいいよ。こんな感じでね。

『頭さん、ありがとう』『脳さん、ありがとう』『顔さん、ありがとう』『目さん、ありがとう』『耳さん、ありがとう』『鼻さん、ありがとう』『口さん、ありがとう』『首さん、ありがとう』『喉さん、ありがとう』『肩さん、ありがとう』『心臓さん、ありがとう』『心さん、ありがとう』『肺さん、ありがとう』『内臓さん、ありがとう』『肝臓さん、ありがとう』『胃さん、ありがとう』『腸さん、ありがとう』『手さん、ありがとう』『足さん、ありがとう』……

そんなふうに『ありがとう』を言っていると、そこの細胞がもっと元気でいようと思うんだよ。細胞には耳はないけど、心の周波数には同調している。だから『ありがとう』と言うと、心の周波数がよくなり、細胞がそれに同調して元気になる。

ところが、『このポンコツめ』とか『なんで痛いんだ』と文句を言うと、その周波数に細胞が同調して元気がなくなる。

誰だって、悪口を言う人のために働こうとは思わないだろう。細胞だって同じだよ。悪口を言われたら、じゃあ悪化してやろうとなる。だから、体調が悪いときほど文句や愚痴を言っていけない。二倍も三倍も辛くなるよ。

体が痛くて苦しいことは事実であっても、『腰が痛くて体を動かせないのが辛い』とか『膝が痛くて歩けないからどこにも行けない』などと実況中継するのは止めたほうがいい。

たとえ事実であったとしても実況中継はしないで、こうなりたいと思う姿を思い浮かべながら、『もう大丈夫、ありがとう』『よくなっている最中です、ありがとう』と言うんだよ。そうしていると、細胞が元気になって、体調がよくなる。そんなことはよくあることだよ。

体からのメッセージを聞くには素直な心でいることが必要だと言ったけど、それが難しいんだ。どうせ自分なんか好きじゃないと自分を否定したり、不安でいっぱいだったり、怒ってばかりいたり……。

それでは体の声が聞こえなくなるばかりだよ。『ありがとう』をいっぱい言って心の周波数を変えると、体の声が聞こえてきて変化が起こるよ。

こんな話をすると、生半可、知識がある人ほど斜に構えてしまい、『ありがとう』を言ったくらいで変わるはずがないと思ってしまう。自分の知識も常識もいったん横に置いて『ありがとう』を言っていると、心が素直になってきて体の声が聞こえてくるよ。あとは、それを行なえば必ずいい変化が起こってくるよ。

君には、そんな体験があるかな?」

私の体に
ありがとう
頭に
ありがとう
目に
ありがとう
肩に
ありがとう
胸に
ありがとう
腰に
ありがとう
安心　安心　大丈夫　ありがとう

☆素直な心でいることはとっても素敵なこと

「素直な心でいるためにいちばんいいのは、自分を大切にすること、自分を愛していることだよ。だから、自分の名前に『ありがとう』と言うといいんだよ。自分の体に『ありがとう』と言うといいんだよ」

私が「はい、体の声が聞こえることがあります。そんなときは、体の内側から感謝の気持ちが湧き上がってきます」と応えますと、「そうか、それは君が素直だってことだよ」と言ってくれました。

私はいつも素直でいたいと思っていますが、大人になると素直のままでいるのは恥ずかしいと思う人も多い。そのことを話すと、老人はこう言いました。

「そんなことはないよ。素直な心でいることはとってもとっても素敵なことだよ。

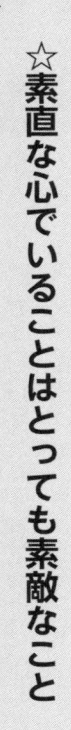

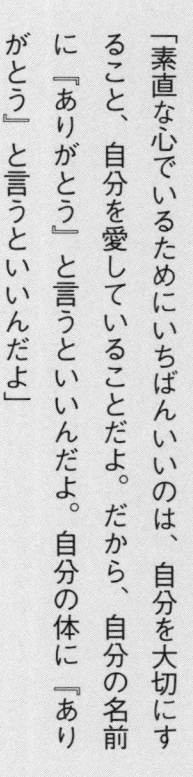

なぜなのか、本当の理由を知っているかね？　宇宙の法則に従うことができるからだよ。

昔、金属の塊が空を飛ぶと言ったら、そんなのは非常識だ、頭がおかしいとみんなから言われたそうだよ。でも、今、金属の塊が空を飛んでいるだろう。それがあるから、君も遠い日本から来られたんだよね。

今日の常識は明日の非常識、いつ変わるかわからない。素直な心でいることでしか本当のことは見えてこないよ。

では、どうすれば素直な心でいることができると思う？　そのためにいちばんいいのは、自分を大切にすること、自分を愛していることだよ。だから、自分の名前に『ありがとう』と言うといいんだよ。自分の体に『ありがとう』と言うといいんだよ。

常に『ありがとう』の気持ちをもち続けたら、病気だけでなく、人生で困ることが起こらなくなっていくよ。私が100年近く生きてきて体感したことだから確かな事実だよ。

これはとてもシンプルなことなのに、その気になれば誰でもできることなのに、本当のことはそんな簡単であるはずがない、続けるのが面倒くさいと思い込んでやろうとしない。話を聞いたときはいいことだと思っても、すぐ忘れてしまう」

私が「ありがとうは、一生続けるんですか？　それだと難しそうです」と言いますと、老人は「ちっとも難しくないよ。自分でやろうと決めればいいだけだよ」とはっきり言いました。

私は、その場ですぐに「千晶さん、ありがとう」「私の体、ありがとう」をくり返し言ってみました。そんな私を見て、老人はにっこり笑ってうなずいていました。

そのあと、老人にこんな質問をしてみました。

「病気の方と話していると、こんなに辛いまま生きているより、もうそろそろ人生を終わってもいいかなと言う人がいます。こういう人には何と言ってあげればいいですか」

☆長生きのコツは自分の寿命を自分で決めること

「長生きのコツを知っているかい？　それは、決めることだよ。１００歳まで生きたいと思ったら、１００歳まで元気に生きると決めること。私は決めておったから、こんなに長生きができているんだよ」

「それは、子どものためによくないことだよ。まだ生きてくれていると思っていた親が早く死んでしまうと、自分もそんな死に方をするんじゃないかという不安が心の中に焼きついて、トラウマになってしまうからね。子どもがいる人は子どもに自分の生きざまを、できるだけ長生きして見せたほうがいいんだよ」

俳優の中井貴一さんの父親、佐田啓二さんは37歳で事故死しています。そのことについて中井貴一さんは、自分も37歳以上生きられるか不安だったと語ってい

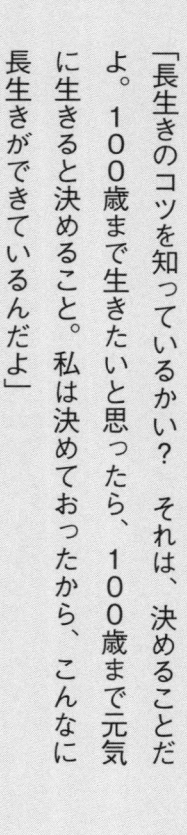

る記事を読んだことがあります。中井さんの場合は父親が事故で亡くなられましたが、病気で親が早くに亡くなると、自分も同じ病気で死ぬかもしれないと思っている人は多いと思います。

親ができるだけ元気で長生きして、子どもに生き様を見せるのがいいのです。そうすると、子どもは安心して人生を楽しもうとするようになります。

では、すでに親が亡くなっている人はどうすればいいのでしょうか、そのことも老人に聞いてみました。

「親ができなかったことを親の代わりに自分がやるんだと決めておけばいいんだよ。

ところで長生きのコツを知っているかい？　それは、決めることだよ。１００歳まで生きたいと思ったら、１００歳まで元気に生きると決めること。私は決めておったから、こんなに長生きができているんだよ。

こんな話を聞くと、決めたぐらいじゃ長生きできないと思う人が多いだろう。そういう人たちは、長生きしたいと思っていても、何歳まで長生きすると決めてないんだ。こんな人生なら長生きなんてしなくていいと、どこかで思っている人もいるだろう。

だから病気になったり、事故に遭ったり、突然死したりする。そうなったら、何より子どもにトラウマを残すからね」

私の祖父母は90歳まで元気でしたから、自分も長生きできるかもしれないと思っていますが、自分で決めただけ長生きできるという老人の話にはさすがに驚きました。そんな私を見て、こんなふうに説明してくれました。

「若いうちはピンとこないだろうけど、健康で長生きする、そして人生を楽しむと決めておくと、病気で困ったり、事故に遭ったりしにくくなる。どんなことにも偶然はないんだよ。自分で決めておくと、そうなるんだよ。

人は、こんな環境があったらとか、こんなことができたらと外側のことで物事を決める癖があるけど、そうじゃない。寿命についていえば、自分の内側で何歳まで元気で生きると決めることが大事なんだよ」

私は毎年数回、海外旅行に行くことにしています。20歳から行きはじめたので、毎年1回としたら60歳まで続けると40回になります。100歳までだと80回、年に2度行くと100回を超えることになりますが、100歳になっても元気で海外旅行に行っていることをイメージしてみました。

以前はパスポートいっぱいにスタンプをもらうのがうれしくて、ヨーロッパを電車（陸路）で移動するときは、何とかスタンプを押してもらおうと無理にお願いしたこともありました。学

長生きすると
心に決める

健康元気で
100歳になっても
人生を楽しむ

生でお土産を買う余裕がない旅行なので、スタンプをお土産にしたいと頼み込むと、後で係員が私の席にやって来て押してくれたのです。

老人が言うように、100歳になって10冊めのパスポートを持って海外旅行している自分をイメージすると、ワクワクしてきます。

その他にも100歳になって水泳の大会に出ている自分をイメージしてみました。じつは、私が通っているスポーツクラブに100歳で大会に出ている人がいて、私も目指したいと以前から思っていました。

では、100歳まで元気で生きると自分で決めるのはいつごろがいいのでしょうか。若いときほどいいのでしょうか。そのことを老人に聞いてみました。

「100歳まで元気に過ごすと決めるのは何歳のときでもいいよ。20代とか30代でもいいし、60代、70代になって決めてもいい。決めておくことが大事なんだ。

決めておかないと、年だから体のあちこちが痛くなるのは仕方ないという話に同調してしまう。あの人がガンになったという話に自分を重ね合わせて同調し、びくびくしてしまう。そして、本当に病気を引き寄せてしまう。

100歳まで元気で生きると決めたら、誰か有名人が病気になったという話を聞いても同調しなくなるし、病気にもならない。

このことは、わし自身が体感したことだから間違いないよ。わしはもともと体が弱くて、医者から長生きできないと言われていた。だから自力で100歳まで生きると決めたんだ。もうすぐ100歳になるけど、よくぞここまで生きてこられたものだ。

医師が病気を治すわけじゃない。100歳まで歩く、100歳まで旅行に行くと自分で決めるから、自分に合った医師が引き寄せられてきたり、自分にぴったりの治療方法が見つかったりして治っていくんだよ。

世の中には、年を取ったらボケるとか、病気になるのは仕方ないという情報が溢れているが、その言葉に心の周波数を合わせていけない。それより、100歳まで楽しく元気に生きると決めておくことが大事だよ。

もちろん、人に決めてもらうのではなく、自分で決断する。これが重要だよ」

☆二つの相反する思いを抱えているから叶わない

「自分の名前に『ありがとう』を唱えていると、もっと自分を大事にしたい、元気になりたいという思いに心の周波数が合ってくる。さらに『元気になりました、ありがとう』をくり返すともっといいよ」

老人が言うように、自分は何歳まで生きると決めて「ありがとう」を言っていると、細胞が喜ぶことは、老人に出会って20年経った今の私には、ほんとうによくわかります。

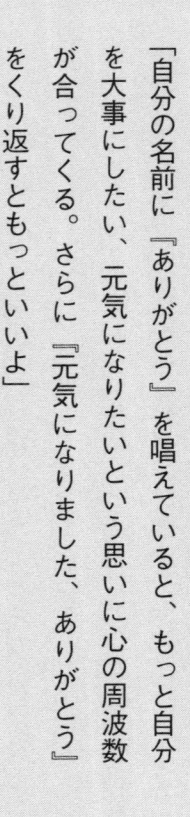

老人は、「ありがとう」を言っていると執着心が無くなるという話を先にしましたが、再びこのことについて話してくれました。

「執着すると不安になる。だから、願っても叶いにくいんだよ。たとえば、治りたいと思うのは当然だが、無理に決まっているという思いもある。その二つの相反する思いを抱えているから叶わない。それは、エレベーターの上りと下りのボタンを同時に押しているようなものだ。

この人が好きだけど、一緒になったら苦労をするだろうな、苦労したくないなという思いもある。この相反する二つの思いは抱えていることに気づいて、思いを一つにしないといけないんだよ。

病気のときは、治りたいのに、治らなかったらどうしようという思いが出てきてしまう。二つの相反する思いを抱えていることに気づかないといけない。あるいは、気づいても無視するかもしれない。これがとっても厄介だよ。

治りたい。でも無理かもしれないと思

**無理だと思ったら、それを一度認めて、
そのうえで治りたいと強く強く思う**

ったら、そのことを一度認めるといいんだよ。ところが、認めないで自分に嘘をつくから、治るものも治らなくなってしまう。

いったん矛盾に気づいて、それを認めて、そのうえで治りたいと強く強く思うことが大事だよ。

『不安がある』と認めて、さらに『不安は過去の自分がつくった心癖、自分でつくった不安は自分で消せる』そう唱えると不安が軽減するよ。不安があるのに、ないんだと言い張り見ないふりをするよりはずっといい。認めることで不安が小さくなるからね。

そして自分の名前に『ありがとう』を唱えていると、もっと自分を大事にしたい、必ず元気になりたいという思いに心の周波数が合ってくる。このとき、元気になった自分をイメージしながら『元気になりました、ありがとう』をくり返していると、もっと心の周波数が元気になることに同調してくるよ」

4章のポイント

「病気は自分の心がつくる」

・病気は心と体からのメッセージ
・メッセージを聞くには、素直な心でいることがいちばん大事
・体の気になる部位があったら、その名前を言って「ありがとう」を唱える
・素直な心でいるとメッセージが聞こえてくる
・ありがとうは一生言い続ける
・早死にすると子どものトラウマになる
・長生きしたかったら、100歳まで長生きすると自分で決める

5章

ダイヤモンドの数百倍輝く自分に出会える

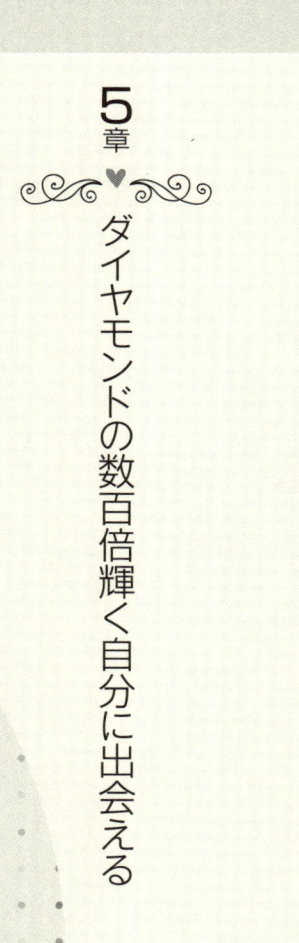

☆肉体は意識の入れ物、自分を表現する箱

「人生を楽しむカギは、自分の素晴らしさを心に焼きつけて、その自分に感謝の心をずっと持つことだよ。それを続けていれば、困ることは起こらないよ」


「君が指導を受けている瞑想をやってみてくれないか？」と老人に言われました。

そこで自分の瞑想体験を思い出しながら、呼吸法で心を整え、瞑想に入っていきました。体の感覚が消えていき、空に上がっていきます。何かに引っ張られるようにどんどん上がっていくと、真っ白な世界にいました。

そこにいるだけで至福の喜びを感じました。

「自分が一体化している宇宙は知恵の宝庫で、質問をすると即座に答えが降ってきます。だから、どんなことがあっても困ることはないのですね」

そう思うと老人は心の中で、こう問いかけてきました。

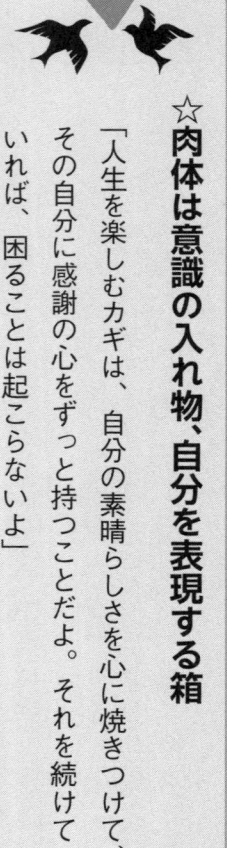

「瞑想をして宇宙を体験している君と、肉体でいる君はどっちが本当の自分だと思ったかな？　これはとても重要なことだよ」

私は言われるままにさらに瞑想を続けました。深い呼吸をすると、もっと深い境地に入っていきました。周りにきれいな山が見えてきて、しだいに輪郭がはっきりしてきます。目をつぶって瞑想をしているはずなのに、なぜか周りの景色がとてもクリアでした。

見とれていると、今度は自分が上空からその景色を見ていることに気づきました。飛行機の上から眺めるよりも、もっとクリアに見えます。山は「私は山だよ」と主張しているように、川は「自分は川だよ」と主張をしているように鮮やかに見えます。その美しさに感動していると、いよいよ体の感覚がなくなっていくのがわかりました。

雲を越えて、どんどん宇宙に引き込まれていきます。そのとき、なぜか突然、自殺して亡くなった友人が悲しそうにうなだれてしゃがみこんでいる姿が見えたのです。とても苦しそうです。死ぬ前の苦しい状態のままで時間が止まっているようでした。

彼女は私に気がついたのか、こちらに向かって「ごめんな、ごめんな。ほんまにあほやわ。死なんといたらよかったのに」と話しかけてきます。何度も何度も死ななければよかったと泣きじゃくっていたのです。

彼女は自殺をしたことを心から後悔しているようでした。辛くても、どんなにしんどくても生きていれば変わることはできたはずです。彼女の姿を見ていて、生きている人よりも死んだ人を助けるほうがはるかに難しいと思いました。

私は彼女にこう訴えていました。

「私に謝ってもどうにもならない。謝るなら親や家族にだよ。どんなにしんどいことがあっても、自分に『ありがとう』と言っていたら、自ら人生を変えることができたのに、死んだら何もできないじゃないの」

自殺して死んでしまうと、その状態のまま時間が止まってしまい、いつまでも苦しいままなのです。生きてさえいれば、どうにかなるチャンスがありますが、自殺したら死んだときの感情のまま、すべてが止まってしまいます。そのことが、彼女を見ていてはっきりとわかりました。

彼女の魂を助ける手立てはないか、成仏する方法はないか考えながら彼女を見ていると、「そこにとどまらないで上に行きなさい。もっと上がりなさい」という声が聞こえてきました。後で老人から、そういう死神と仲良しになってはいけないと言われました。

彼女をその場に残したまま、さらに上へ上へと上がっていくと、先ほどのグレーがかった色とは打って変わり、今度は鮮やかな彩りの世界が目の前に広がりました。

その色は、とても鮮やかな原色で、きらびやかでした。この世のものとは思えないカラフルな色で、眼を開けているよりつぶっているほうが明るく感じました。たとえは変ですが、まるでサマーランドにいるみたいな感じでした。アニメの世界にいるような感じもしました。

私があっけにとられて呆然として眺めていると、イルカが寄ってきました。海でイルカと一緒に泳いだことがありますが、そのイルカたちのようです。違っているのは、水の中ではなく空を飛んでいることです。

もっと上に行ってみたいという思いが強くなり、さらに上がっていくと、今度はあたり一面が真っ白な世界にたどりつきました。そこは喜びだけで、不安がない世界のようでした。

私の体は座って瞑想しているはずですが、意識は完全に肉体を離れて自由です。私は素晴らしい存在なんだ、誰でも素晴らしい存在なんだと感じていました。

ふと自分の肉体はどうなっているのだろうと思って見下ろすと、シルバーの透明なコードでつながっているのがわかりました。上になるほど、このシルバーコードは細くなっています。

そういえば、夢の中でこのシルバーコードを見たことがあります。夢の中では、びっくりしてすぐ体に戻ったのでコードが絡まり、あちこち体をぶつけた気がしました。

痛いと思って目をあけると、座っているもう一人の自分がいました。老人に、この座っている自分と、体から離れて意識だけになっていた自分と、どっちが本当の自分なのだろうかと、心の中で老人に聞いてみました。
「肉体は仮のもので、自分を表現する箱なんだよ。意識の入れ物と言ってもいいよ。その意識は魂と言ってもいいし、それこそが本当の自分なのに、私たちは逆に考えてしまっていることが多い。

本当の自分である魂は、キラキラしたダイヤモンドの数百倍も綺麗で、きらめいている。あまりに美しくて表わす言葉が見つからないくらいだ。インドの聖者たちは蓮の花にたとえたのかもしれな

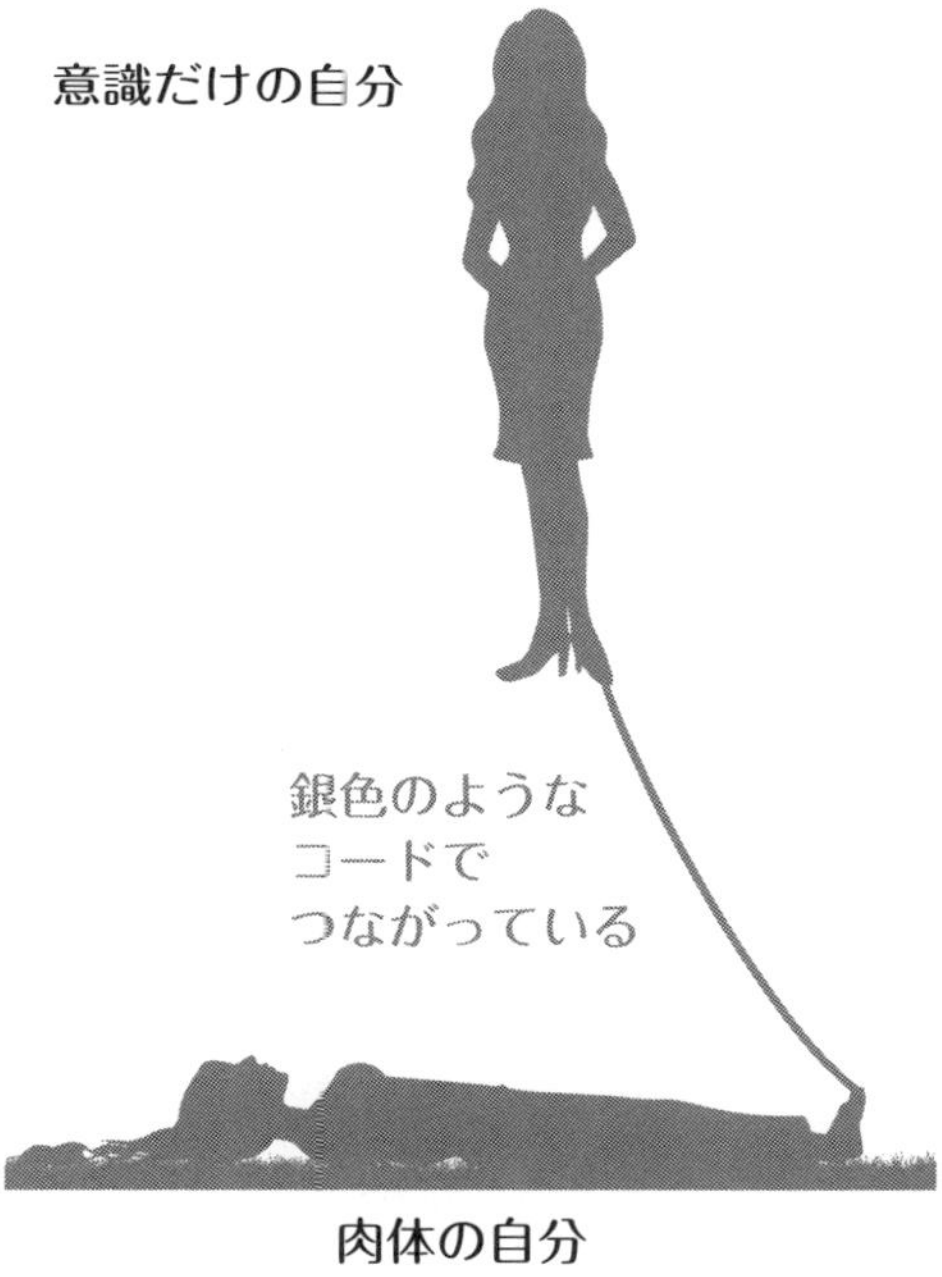

いね。

人生を楽しむカギは、自分の素晴らしさを心に焼きつけて、その自分に感謝の心をずっと持つことだよ。それを続けていれば、困ることは起こらないよ。私が100年近く生きてきて体感したことだから事実だよ。

忘れてしまわんようにね、忘れると運気が低迷したり、体を壊したりするよ」

☆自分には価値がないという思いを断ち切る

「心の中にある輝きをもっとも覆い隠してしまうのが、自分で自分を否定することだよ。なぜそうするかというと、自分は愛されていないと勘違いしているからだ」

私が蓮の花をイメージしていると、それがダイヤモンドに変わり、ゆっくりと回転しはじめました。私もダイヤモンドと一体化して回っているように感じていると、私自身がダイヤモンドの数百倍も輝いていたのです。

その色は虹色のようでもあり、透明で色がないようでもある。言葉で無理に表わそうとすると薄っぺらになってしまうが、自分がものすごく輝く存在であると感じていました。

それが自分なんだと思うと、愛おしくてたまりません。私って、こんなに素晴らしいんだと感動していました。

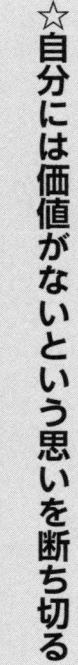

自分は自分のものであって自分のものじゃない。そんな自分にはじめて出会ったのです。これが本当の私なの？　シンデレラがはじめてドレスを着たときもこんな感覚だったのかなと思い、ディズニーのアニメを思い出していました。

そのときです、「この輝きは誰でも持っているものだ」という思いが胸にドスンと響きました。ああ、一人ひとりが素晴らしい存在なのだ、素晴らしくない人なんていないのだと感じました。

次の瞬間、髪の長い綺麗な女性が現われました。聖者のような、マリア様のような女性は両手を広げていましたが、その手からはキラキラと輝く黄金の光線が出ています。その光が私に注がれたとき、あらゆる不安は自分がつくりあげた幻想にすぎないのだと悟りました。

誰でも素晴らしい輝きをハートの中に持っています。それに気づけないのは、黒いコールタールのようなベールで心が覆われているからです。そのベールを取り除けば、輝く素晴らしい自分だと感じられるのです。

そのために誰でも簡単にできるのが、自分の名前に「ありがとう」を言うことなのです。誰だって黒いベールを取り除いて、輝く素晴らしい自分に出会うことができるのです。どんな極悪人でも自分が輝く素晴らしい存在だと感じたら、人を苦しめるようなことはしなくなるでしょう。

そう思っていると、周りの景色がさらに白い光に覆われて輝きだし、私の人生においてこれまで出会った人たちの顔が次々と浮かび上がって光りだしました。友人の顔、いつも出会う知人、親族の顔、さらに旅先で出会ったヨーロッパの人やアラブ系の人、アジア人……。どの顔も笑顔で光っています。

人種が違っても、年齢が違っても、性別が違っても、職業が違っても、みんなそれぞれ素晴らしい存在なのだと大声で叫びたくなりました。

そのとき静かな声で、「これを伝えなさい。誰でも素晴らしい存在だと伝えなさい」とささやきかけてきました。気のせいかなと思っていると、また聞こえてきました。「これを伝えなさい。これを伝えなさい。誰もが素晴らしい存在だと伝えなさい」

それは老人の声でした。まるでテレパシーで会話しているようでした。でも、私には荷が重いなと思っていると、老人の声は「君は自分で体験しながら、これを伝えたくないのか？」と語りかけてきます。私が「伝えるすべを知らないし、第一伝える勇気がありません」と応じると、「今すぐでなくてもいいから、必ず伝えてほしい」とまた語りかけてきます。

でも、こんなこと伝えたら変な目で見られないだろうか。日本では、瞑想はまだごく少数の人しかやっていないし、現実逃避だと思っている人もいます。私は幸い、日本でトップといわれている師から瞑想を習っていましたが、その瞑想について知らせることだって難しいのです。

山田先生は瞑想についてこうおっしゃっていました。

「瞑想とは心を静めて自分の内側に意識を置くこと。そして、自分の素晴らしさを再発見し、より精妙な心の動きと知覚を体験すること。

意識が内側に向かうにつれて、私たちはより制限のない、自由な意識状態を体験するようになり、幸福感も増す。気づかなかった心の力、潜在能力にも目覚める。

この新たな能力を活用すると、健康、人間関係、仕事など、あらゆる問題を解決する力がアップする」

このことを説明するのだって難しいのに、今、瞑想で体験したことを伝えるなんてとんでもないと思っていると、老人は「体験していることを素直に言葉にしてみてごらん」と言います。

この老人とのやりとりはテレパシーで行なわれていました。それは、私の慣れていない英語でやりとりすると瞑想から覚めてしまうため、老人が気遣ってテレパシーで行なってくれていたのです。

その状態のまま、老人はこのように話してくれました。

「心の中にある輝きをもっとも覆い隠してしまうのが、自分で自分を否定することだよ。なぜそうするかというと、自分は愛されていないと勘違いしているからだ。親に愛されていないと思っている人は、親も祖父母から愛されていなかったと心の底で思っている。そうして間違った考えを引き継いでしまっている。

自分がダメな子だから、愛してくれないんだと思い込む。愛されない自分はダメだ、だから愛してくれない……それをくり返していくうちに、自分には価値がないと思い込んでしまう。このことに気づいて断ち切ることが必要だよ」

☆言葉の表面だけで判断する癖を修正する

「言葉を表面だけで判断しないためには、その言葉がどういう気持ちから出てきたのか常に意識することと、相手の表情をしっかり見ることが大切だよ」

「こういう思考に陥るのは、言葉を表面だけで受け取るからだよ。親に『あなたはダメね』と言われて、それを真に受ける。たいていは、親の『ダメね』は、『あなたはもっとできる子だよ、それを知っているよ』という意味なのに、言葉が足りない親と、言葉の表面だけで理解する子どもの間では、ネガティブの落とし穴にはまってしまう。

たとえば、手を洗ってからご飯を食べなさいと言われているのに、つい洗わずに食べてしまうなんてことはよくあるだろう。そのたびにお母さんから怒られる。お母さんは、ばい菌が口から入って病気にならないように手を洗いましょうと言っているのに、言葉の表面だけで理解すると、お母さんは自分にご飯を食べさせたくないんだ、愛していないんだと受け止めてしまう。

お母さんに怒られて子どもが『お母さんなんて大嫌い』と言い返すと、うちの子は母親の私が嫌いなんだろうかと不安になるのは、言葉の表面しかとらえていないからだ。

『お母さんなんて大嫌い』の裏には『お母さん、もっと愛してよ。もっと私を見てよ』『お母さん、私のこと好きって言ってよ。もっと愛しているって表現してよ』という真意が隠されている。

言葉の表面だけとらえていると騙されるよ。言葉の表面だけで判断する癖がつくと、自分の素晴らしさに気づけなくなる。

言葉を表面だけで判断しないためには、その言葉がどういう気持ちから出てきたのか常に意識することと、相手の表情をしっかり見ることが大切だよ」

メールでは本心が伝わらないと感じることがあります。相手の顔の細かい表情や身振りなどが見えないからです。実際、メールのやりとりで誤解が生じることは多いようです。

大事な話はやっぱり、会って目を見て表情を見て話すことが大事です。

老人の話を聞いているうちに、教えられたことを私が伝えないといけないのかもしれないと感じはじめていましたが、この私に本当にできるだろうかという思いがあって、どうしても迷ってしまいます。その気持ちを見透かして、老人はこう言いました。

☆最初に意識があり、体は意識に付いてくる

「最初にある意識（思い）を上手に使うと、体も変わるし、人生も変わるということだよ。もっと簡単に言うと、心が人生を決めているということだよ」

「肉体を持っている自分がすべてだと思い込んでいるから、不安にとらわれてしまうんだよ。意識は体の一部ではなくて、最初に意識があり、体は意識に付いてくるものだよ。意識が頑張ろうと思ったら体は頑張るし、意識がもうダメだと思ったら体もダメになる。

だからといって、意識（思い）だけが大事ということではないよ。最初にある意識（思い）を上手に使うと、体も変わるし、人生も変わるということだよ。もっと簡単に言うと、心が人生を決めているということだよ。だから、自分の心の中でダメだと思うと、体も人生もダメなほうに進んでいってしまう。

私はかけがえのない素晴らしい存在です。
それをどこかで知っています。
今は覚えていなくても、心のどこかで知っています。

自分を卑下してはいけないよ。自分の名前に『ありがとう』をいっぱい言っていると、心の中にダイヤ以上に輝いている自分がいることに気づくよ。そうすれば、体も人生も変わってくるよ」

老人に導かれて素晴らしい瞑想体験をしながら話を聞いているうちに、私は、これを伝えていこうと決断できました。瞑想そのものを伝えることは難しいでしょうが、誰でも自分がダイヤモンドの数百倍輝く素晴らしい存在であることを体験することはできそうです。そのための方法は、シンプルすぎるほどシンプルで簡単です。

まず、自分の名前に『ありがとう』と唱えてから、「私〇〇〇（名前が入ります）は、かけがえのない素晴らしい存在です。それをどこかで知っています。今は覚えていなくても、心のどこかで知っています」と唱えます。これをくり返していると、自分を愛する気持ちが増してきます。

実際にやった方たちはみなさん、それぞれ素晴らしい体験をしています。私の元にも1000人以上の方が体験を寄せてくださっています。

そのまま声に出して言うのもいいのですが、文字にしてから言うとさらに心に響いてきます。148頁をご覧ください。ペンで空欄に自分のフルネームを丁寧にゆっくり書いてみてください。その後、ゆっくり唱えてみましょう。

結婚している女性の方は、旧姓と今の姓と両方を唱えてみてください。そうすることで結婚前の自分も癒されます。

この言葉は168~169頁にあるQRコードから音声が聞けるようになっていますので、何度も唱えてみてください。

これらをくり返し唱えていると、私が体験したように、自分はダイヤの百倍以上輝く存在であることを体験できることでしょう。自己肯定感が高まり、自分が大好きになり、心の周波数がプラスになっていきます。願望が実現する道も拓かれていくに違いありません。

「（自分の名前）さん、ありがとう」

「私（自分の名前）は、かけがえのない素晴らしい存在です。それをどこかで知っています。今は覚えていなくても、心のどこかで知っています」

コラム

「私、ダメなの」と「私は素晴らしい」の本当の違い

いつも自分はダメだと思い、「私、ダメなの」が口癖になっているBさんには、ツイてないと思うことがよく起こります。

たとえば八百屋さんに行くと、八百屋のおじさんはいい野菜を売ろうと思っているのに、間違って捨てるはずだった野菜を渡してしまいます。肉屋さんでも同じようなことが起こります。

それでまた、「何て私はツイてないんだろう」「私はダメだ」と言ったり、思ったりしていると、同じようなことが続いて起こります。

職場で周りからダメ出しをされることがあると、また「何て私はツイてないんだろう」「私はダメだ」をくり返します。

自分をダメだと思っているから、人のダメな面にも目が行き、イライラしてムカつきます。それがしんどくて縁を切り、友達も減っていきます。「自分はダメだ」と自分を粗末にしているから、人から粗末に扱われたり、軽く扱われたりするこ

とが起こるのです。

一方、「私は素晴らしい」と素直に思えるAさんは、同じ八百屋さんに行っても、お店のおじさんがおまけをしてくれるなんてことがよくあります。会社で仕事に失敗しても、今度はちゃんとやってねと上司が応援してくれたり、かわいがってもらったりすることもよくあります。上司が仕事のコツを教えてくれたお陰で昇給が早くなったこともあります。

Aさんは「私は素晴らしい」と素直に思っているので、相手もそのように扱ってくれるのです。付き合う人も運気の強い人が多く、応援してくれることもあります。

どちらの人生がいいのでしょうか？　おそらく、ほとんどの人はAさんのほうがいいと思うでしょう。

じつは、ここに登場するBさんはAさんの以前の姿です。Aさんも以前は「自分はダメだ」とマイナス面ばかり気にしているBさんと同じでした。ところが、私の本『自分の名前に「ありがとう」を唱えると奇跡が起こる！』を読んで、自分の名前に「ありがとう」を唱えているうちに、ダイヤモンドの数百倍輝く自分に出会うことができたのです。そして、今のAさんに変わったのです。

5章のポイント

「思いを変えると輝く自分になれる」

・誰でもダイヤモンドの数百倍の輝きを持っている

・肉体は仮のもので、意識の入れ物である

・あらゆる不安は自分がつくりあげた幻想にすぎない

・意識（思い）を上手に使うと、体も変わるし人生も変わる

6章

お金は感謝してくれるところに集まる

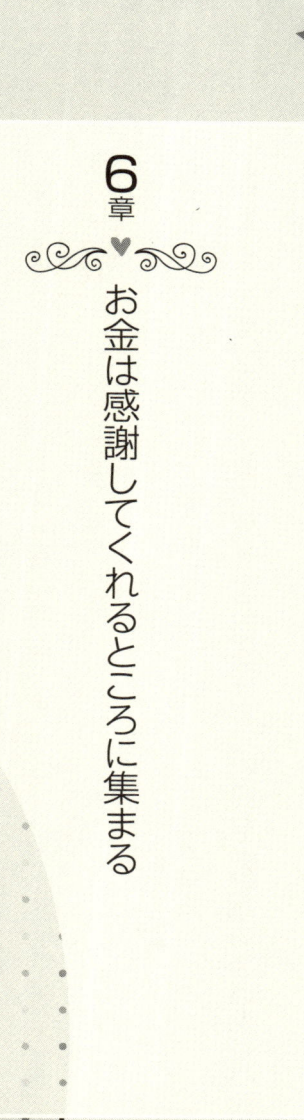

☆お金で困っていることを実況中継しない

「お金に耳はないけれど、心の周波数には反応する。『私は貧乏で、お金でいつも困っている』なんて思っていると、その周波数をキャッチしてお金が逃げて行ってしまうんだよ」

老人は、お金についても話してくれました。

「金欠病もなくさないといけない病気だから伝えておこう。

お金というのは、感謝する人のところに集まる、不安や心配が少ない人のところに集まるという傾向がある。

感謝してくれるところに人が集まるように、お金だって感謝してくれる人のところに集まるんだよ。だから、お金はもらうときも、出すときも『ありがとう』を言っていると増えるんだよ。

もらうときに『ありがとう』と言うといいのはもちろんだが、出すときも『ありがとう』を言って出すといいんだよ。そうすると、『ありがとう』を言えないものにはお金を使わなくなる。余計なものにお金を使わなくなる。

お金に耳はないけれど、心の周波数には反応する。『私は貧乏で、お金でいつも困っている』なんて思っていると、その周波数をキャッチしてお金が逃げて行ってしまうんだよ。

だから、お金で困っているのが事実であったとしても、言ってはいけないよ。お金で困っていることを実況中継しないほうがいいんだよ。お金に『ありがとう』をくり返して言う。さらに、お金（お札を一枚）を取り出して、じっくりと眺めながら『安心、安心、大丈夫』を1分ほど唱えるといいよ。

反対のことを言うようだけど、このとき、『私は心豊かに過ごす』と決めるといいんだよ。お金がまったく無くても心豊かに過ごすことはできるからね。

そう心に決めて、『安心、安心、大丈夫』を唱えていると、必要なお金は必ず手に入るようになっているんだよ」

私は15人くらいのグループをつくって、みんなで3カ月間実験をしてもらったことがあります。お札に向かって「安心、安心、大丈夫」を1分以上唱えます。それを毎日一回以上、好きなだけやることにして唱えてもらいました。その結果、驚くような反応がありました。いくつか紹介します。

・主人のお父さんが突然、5万円くれました。
・入ってくるお金が増えたわけではありませんが、おごってもらったり、いただきものが増えたりしました。
・お金の不安が消えて気持ちよく使えるようになっただけでなく、なぜかお金が貯まりました。
・ご近所さんから物を分けていただくことが増えています。
・ある日お札の諭吉さんを見ていたら、お腹の底から「ガハハ！」と笑いがこみ上げてきました。それから間もなく抽選でクルーズ船に乗れることになりました。
・たまたま、お米が足りなくなって困っていた日、お米が余って困っているという人が連絡してきて、プレゼントしてくれました。
・自分の名前に「ありがとう」を言いながら、お札に「安心、安心、大丈夫」と唱えていたら、結婚14年目にして主人が、自分のお金の使い方を変えてくれて、家計がぐっと楽になりました。

お金は天下のまわりもの
私の所にもまわってくるはず
大丈夫　安心安心　大丈夫

☆お金に対する不安の正体を見抜く

「お金に対して、どんな不安を持っていたのかが見えてくると、どれも根拠のない不安ばかりだったり、すでに過去のことだったりするんだよ」

老人の話によれば、お金に対する不安は正体が見えないために起こってくるのだと言います。

「自分の名前に『ありがとう』と唱えながら、お金に『安心、安心、大丈夫』と唱えていると、お金に対して、どんな不安を持っていたのかが見えてくるよ。どれも根拠のない不安ばかりだったり、すでに過去のことだったりするんだよ。結局、今とは関係ないことで不安になっていることがわかってくる。それだけじゃないよ。お金に助けられたことがあったこともわかってきて、お金に『ありがたいな〜』と思えるようになるよ」

たしかにそう思えたら、たまにお金のことでネガティブな感情が出てきても「大丈夫！」と明るく笑い飛ばせそうです。お金に対して安心感をもてるようになったら、予期せぬ収入があったり、出費が意外に少なくて済んだりと、お金がうまくまわりはじめたという話はよく聞きます。

私のセミナーで、自分の名前に「ありがとう」を言いながら、お金に対して「安心、安心、大丈夫」と唱えてもらっていると、とても興味深いイメージ体験をしたと話してくれることがよくあります。そのなかからいくつか紹介してみます。

・お金の宇宙銀行が白銀の光を放っているイメージが湧いてきた。お金はエネルギーで、自分のところにもちゃんと回ってくるイメージや、地球の周りをお札が回っているイメージが出てきた。

・お金はエネルギーであることが感覚としてようやく理解できた。お金さんはみんなの笑顔が大好きで、ぐるぐる流れている。

初めて宇宙銀行も見えた。はじめは宇宙銀行の前に黒いゴミがたくさんあって近づけなかった。そのゴミは、お金はすぐなくなってしまうという自分の恐れが作っていたものだった。

お金を受け取ると決めたら受け取っていいんだと思えた。その瞬間、宇宙銀行の扉が開いて銀河の渦が見えた。そこから綺麗な手が出てきて、望んだお金を渡してくれた。

・お金に対する不安は漠然としていることがわかった。何が欲しいのか、何がしたいのかを明確にすれば、お金は入ってくるから不安になることはないと思えた。

イメージの最後のほうで、上からキラキラ輝くものがサラサラと私に降ってきたので、両手を広げて受け取った。その感覚は今思い出しても味わうことができる。

・上の世界に上がり地球を見下ろした瞬間、お金の流れが淀んで見えて、思わず汚いと思ってしまった。自分は、お金は汚いと思っていることに気づくと、その感覚が変わっていった。

・意識が宇宙空間に行ったとき、無限の宝庫を見ることができた。そのとき、お金はエネルギーだということが腑に落ちた。欲しいものを明確にしている人のところには、どんどん富が隕石みたいに大きくなって一直線に集まっていくのが見えた。

・自分の名前に「ありがとう」と唱え、イメージを明確にして宇宙にお願いすることがいかに大事なのかがわかった。いくら欲しいのか、何のために欲しいのかを明確にして、信じて待つことも大事だなと実感した。

それからは、お金に対して心配するのがばかばかしくなった。お金はエネルギーで循環しているから、自分のところにも巡ってくることが腑に落ちた。

・地球が一万円札のレイで巻かれていて、そのレイがゆっくり動いている映像が浮かんだ。それを見て「回ってる、回ってる」と思っている自分がいた。お金はエネルギーで循環しているのだ。

お札の福沢さんと笑顔で握手をしている光景をイメージしていると、とっても楽しい気分になった。すると、1億円くらいの束が落ちてきて、自分がそれを受け止めることができた。

お金さんと友達になれると実感したとき、不安がなくなった。今は「必要なときは必要なお金が必ず入ってくる」と思えるようになった。

・お金はエネルギーだということが、ズドンと腑に落ちた。

地球の周りには天の川のようにお金のエネルギーが流れている。自分の周りでも、速いスピードで回っていることが実感できた。お札の諭吉さんがいい笑顔をしていた。

宇宙銀行から、たくさんのお金が落ちてくる感覚を味わった。そのあと、黄金の光に包まれた高貴な身なりの男性が見えた。今の自分と見た目は違うが、「あ、これは自分だな」とわかった。

・自分で開店資金を貯めているが、余裕をもって貯めておきたいと思っていたので、お金に「安心、安心、大丈夫」を毎日唱えながら、宇宙銀行に頼んでみた。すると、十分すぎるほどの準備資金が引き寄せられてきた。

・お金が流れる道が見えた。文句を言ったり、疑っていたりすると、お金は流れにくくなることがわかった。出すときも受け取るときも感謝が大事だと実感した。

6章のポイント

「『ありがとう』でお金が引き寄せられる」

・お金は感謝されるところに集まる

・自分の名前に「ありがとう」を言いながら、お金に「安心、安心、大丈夫」を唱えるとお金に対する不安が消える

・お金に対する不安が減少すると、お金が循環して困らなくなる

・お金をもらうときも、出すときも「ありがとう」を言う

おわりに

老人は、ダイヤモンドの数百倍以上輝く自分に出会うと、自分を信じることができるようになるし、人生をもっともっと楽しむことができると言います。

「人生をもっと楽しんでいいんだよ。どんどん楽しみなさい。楽しまないともったいない。私たちは楽しむために生まれてきたのだから。

君はいい手をしている。きっと人を元気にする仕事をしていくだろう」

老人はそう言って、その場を去って行きました。霧がかかっていたので、すぐに姿が見えなくなりました。

そのとき、私の頭にフラッシュダンスの曲『ホワット・ア・フィーリング』が流れてきました。ほぼ同時に、キング牧師の言葉が聞こえてきたように感じました。

「疑わずに最初の一段を登りなさい。
階段のすべてが見えなくてもいい。
とにかく最初の一歩を踏み出すのです」

まずやってみよう、疑う前にまず少しだけでいいので自分を信じてやってみようと思いました。それからやめてもいいし、効果が実感できたら継続したらいい。

私は、この老人に出会ってから20年、教えられたことを実践してきました。本当は100歳になったら、老人が伝えてくれたことを本に書こうと思っていたのですが、夢に老人が現われて、いい加減に早くやれと言われたので、老人との出会い、そこで聞いたことをこの本にした次第です。

この20年間、老人から知らされたことを伝えながら、ヒーリングの仕事をしてきました。その間、お金に困ったことはありません。余ってはいませんが、毎年80歳を過ぎた母と一緒に海外旅行やクルージングに出かけて楽しんでいます。母はホノルルマラソン10キロを走ったり、カヌーをやったり、アメリカでピアスをしたりと、本当に元気です。私も母を見習って元気に年を重ねたいなと思っています。

本文で述べましたように、老人の言葉どおり、10年前に都内にレンガの家を買って住んでいます。小さいころは体が小さくて病気がちだったけれど、老人に会ってからは「健康保険は寄付だ」と言えるぐらい元気で過ごしています。

これは私が実験したことですが、「健康保険は寄付だ」と言い続けていると、健康保険を使う必要がなくなります。当然、医療費を払う必要がないので、そのお金は旅行に活用して楽しんでいます。たとえば医療費10万円より旅費10万円のほうがどれだけ楽しいことでしょう。

ペルーで出会った老人の話は、本書に書いた以外にもたくさんありますが、私は100歳まで元気で生きると決めていますから、いくらでも本を出す機会はあると思っています。

最後までお読みいただき、ありがとうございました。

二〇一九年八月

愛場千晶

『声の贈りもの』——読者限定YouTube・QRコード

私から読者の皆様へお届けする音声の贈りものです。

聞くだけで「ありがとう」のエネルギーが心と体に満ちていきます。

自分の名前に「ありがとう」を言いながら運気を上げていきましょう。

聞こえてくる言葉は、瞑想をしたことがない人に、「ありがとう」を唱えながら瞑想体験をしていただく手助けになるよう、私の瞑想体験に基づいて考案したものです。聞こえる言葉を唱えてみてください。

音声を聞く方法

音声①『ありがとう玉で強運と元気になろう』

音声②『私はかけがえのない素晴らしい存在』

スマホなどでQRコードを読み取り、ユーチューブにアクセスしてください。

聞こえてくる音に心の周波数を合わせるようにして聞いてみてください。イヤホンは左右を正しく装着してください。心のブロックが和らぐようにするため、左右の音が違って聞こえるように組んであるからです。

作業中のＢＧＭとして聞くのもおすすめです。

「ありがとう玉」をイメージしながら聞いてみてください。

「ありがとう玉」

「ありがとう」の気持ちを持ち続けていると、必ず強運の神様は味方をしてくれます。

とくに私が体に「ありがとう」を唱えているうちに体験したのが「ありがとう玉」の存在です。

2章の79ページでこの「ありがとう玉」について述べましたが、次のようなイメージになります。
・「ありがとう」をくり返して言っていると、自分の中にエネルギーがたまっていくのを実感できる
・それは「光の玉」のイメージなので、私は「ありがとう玉」と呼んでいる
・「ありがとう玉」は体内で溶けて液体となり、頭上から全身に回っていく

体験者の声

「夜寝る前に聞いていますが、一日の疲れが取れて体をリセットできています。感情や思考がクリアになりますし、オーラが大きくきれいになる感じがしています。運気もアップしています」

「体が軽くなりました。左右の音が違って聞こえるので聞くことに集中していたら、ネガティブなことを考えなくなりました。夜はぐっすり眠れるようになりました。継続して聞き続けます」

「これ、すごく良いですね。体が温かくなりました。オーラが綺麗になるイメージもしています」

自分の名前に「ありがとう」を唱えると
どんどん幸運になる！

2019年10月10日　第1刷発行
2019年11月27日　第3刷発行

著　者――――愛場千晶

発行人――――山崎 優

発行所――――コスモ21
〒171-0021　東京都豊島区西池袋2-39-6-8F
☎03(3988)3911
FAX03(3988)7062
URL https://www.cos21.com

印刷・製本――中央精版印刷株式会社

定価はカバーに表示してあります。

ISBN978-4-87795-383-6 C0030

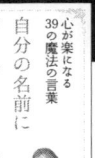

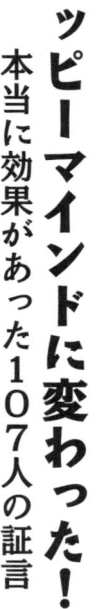

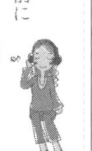

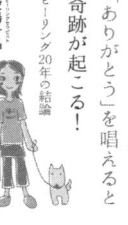